大夏书系·西方教育前沿

教学与
行为干预
（RTI）

RESPONSE
TO
INTERVENTION

卡拉·肖尔 等　著
王小庆　译

华东师范大学出版社
全国百佳图书出版单位

The Best of Corwin: Response to Intervention / Cara F. Shores / 2012

English language edition published by Corwin Press, A SAGE Publications Company of Thousand Oaks, London, New Delhi, Singapore and Washington D.C., © 2012 by Corwin Press.

Simplified Chinese translation copyright © 2015 by East China Normal University Press Ltd.

All Rights Reserved.

上海市版权局著作权合同登记 图字: 09-2012-902 号

前　言

卡拉·肖尔

自从联邦政府于 2004 年颁布《障碍者教育促进法》(*Individuals with Disabilities Education Improvement Act*, IDEA 2004)以来，干预反应模式（RTI）经历了充分的发展与变化。最初，RTI 只是一种略具争议性的方法，用以鉴别那些在阅读上有障碍的学生。但之后几年，对于它能否作为一种有效而可靠的工具来鉴别那些有特殊学习障碍的学生，争议越来越大。在各州对这一模式的实施过程中，RTI 又呈现出多种形式，包括三级、四级及五级干预模式，而其范围则可涉及（或不涉及）特殊教育。该模式还有其他一些称谓，如干预金字塔（POI）、多级支持系统（MTSS），以及指导和干预反应模式（RTII）等。这些称谓上的不同，反映了 RTI 在具体实施过程中存在着很大的变异。目前，RTI 在美国被用于多种用途，同时也在加拿大一些地区具有一定的影响力。

大体而言，RTI 目前正处在成型期。该模式已不再局限于最初对阅读障碍学生进行鉴别的功能，它同时还被广泛用于为学生提供数学及行为方面的针对性干预。无论是用于学前儿童还是高中生，这一方法都被证明是非常有效的。同时，它也与专业学习社团、差异化教学、绩优生的提升有机融合。就具体操作而言，则因校而异，也因学生的不同而有所差别。目前，我们有越来越多的干预及测评工具可以选择，我们也更清楚如何使用合适的工具、如何指导教学以及如何基于学生的表现作出相应调整。在大多数情况下，RTI 是作为学校改进模式而被执行的，其用意在于满足所有学习者的需求。RTI 在许多学校被证明是行之有效的，通过它，学校的改进计划得以顺利执行。倘能恰如其分地运用优秀的 RTI，我们也能充分提高学生的学业成绩。

不过，有效的 RTI 具有三种不变的基本要素。第一，教学和干预必须以有效及可靠的研究为支撑；第二，教学和干预必须是数据驱动式的，同时必须反映学生的个体需求；第三，教学和干预的操作必须准确。若这三种要素中的任何一项被轻视甚至无视，那么这一模式将无法有效改善学生的表现。

科文（Corwin）出版社出版的这册《教学与行为干预（RTI）》，其目的正在于指导教学实践者使用这一具有挑战性但同时又极具价值的模式。作为编者，我试图为您提供关于有效实施 RTI 的最佳及最相关的信息。为阐明上述基本要素，本书中的各个章节都是经过精心挑选的，从而为教育实践者及领导提供各种不同的视角。本书重点关注的对象则是从小学到高中各个年段的阅读、数学、行为以及英语学习者。除此之外，本书还在测试、基于数据的决策制定，以及操作准确度等方面为读者提供信息。每一个章节的内容都经过认真选择，以提供给读者关于有效 RTI 的全面观点。希望本书能帮助您开发和使用 RTI，并能对学生产生积极而有效的影响。

目　录

第一章全面回顾了 RTI 的历史并对之进行了定义，尤其强调，RTI 是用来鉴别那些具有特殊学习障碍的学生。对教育者而言，若想明白 RTI 的发展趋势，就必须对其从何而来、如何演变进行一番全面的回顾。

许多时候，学校在实施 RTI 的同时，无法解决核心教学的质量问题。教师关注的重点往往是当学生学业成绩不合格时，如何对他们进行教学干预。事实上，核心教学和附加教学同等重要。本章介绍了适用于所有层级的基于研究的教学及干预策略。这些策略，如能系统地、明晰地、有计划地使用，必将取得成效。但这些策略应当被准确地实施，并应当通过持续的过程监控来检测其效果。

正确实施 RTI，可改善对在文化和语言方面存在差异（CLD）的学生的教学，也能减少对其不均衡的特殊教育。不过，教师必须认真处理好由这种差异引起的特殊需求。本章全面论述了这些具体要素，并针对如何处理这些要素提供了一些实用性的建议。作者认为，对于 RTI，我们需要从多维视角来看待，无论是干预还是教学策略，都必须分成不同层次，从而能更全面地满足 CLD 学生的需求。

测试本身并不能提高学生的学业成绩。不过，用于制定明智的教学决策的测试数据，很可能会对学生的学习及表现产生积极影响。过程监控是 RTI 的支柱，它提供给教师大量的信息。虽然如此，许多学校仍然发现自己"数据充足，信息匮乏"，其中的原因是教师并不懂得如何利用数据去影响学习。本章为您清晰地阐述如何根据数据来制定教学决策，以及如何根据学生的需求来调整教学。

在一个学校、一个区，乃至一个省领导实施 RTI，会是一件令人沮丧的工作。为了能使这一模式行之有效，教育部门的领导必须在其员工内部形成一种能全面支持 RTI 实施的文化。领导们必须提供持续的、工作嵌入式的专业学习，同时还要保证对所有学生的核心教学是高效的。另外，他们还必须建立一种制度，保证目标干预的时间和资源，同时教育其员工利用数据推进教学，确保该模式的所有要素都能被准确执行。在本章中，作者通过对一些常见问题的解答，一步一步地指导教育部门的领导们如何执行 RTI。

虽然人们对 RTI 进行过大量研究，但大部分都集中在阅读方面。尽管许多教师对阅读教学很有见地，然而很少有人明白学习阅读的生理过程。在本章，作者综合论述了大脑及中枢神经系统是如何处理识字及阅读的，同时，以通俗的话语，举例说明教师如何通过对阅读教学的调整，最大程度地发挥学生的大脑及中枢神经系统的功能。

尽管 RTI 的设计初衷是为了建立一种分级阅读模式，但它迅速发展成了一种能解决数学学习困难的有效方式。不过，对数学干预的研究基础却远不如阅读干预的研究基础那样坚实。

在本章中，作者引用了美国国家数学咨询委员会的建议，同时介绍了一些最优秀的研究成果，从而勾勒出有效的二级和三级数学干预模式。

RTI 能在多个层面上改进学校。除了能解决学业上的不足之外，RTI 还能非常有效地减少各年级学生的行为问题。十多年来，通过积极行为支持（PBIS）等手段，各校已经成功地实施了行为性 RTI 模式。这种行为上的建构反映了某些基本要素的学理模式：干预及教学必须基于研究，并且必须是数据驱动式的，同时操作必须准确。本章回顾了在行为建构上的这些基本要素，尤其将重点落在对二级、三级的干预和测评上，包括关于筛查及过程监控工具的信息，个性化行为干预计划，以及功能性行为评估等。

本章解决有效实施 RTI 的三个基本要素中的最后一个，同时也可能是最重要的一个——操作准确度。许多学校都曾努力选择合适的测试工具及有效的干预手段，但它们都无法保证其实施过程能像构思的那般令人满意。好的学校必须同时管理好几个领域，譬如核心教学、干预、测试及过程实施。编者认为，RTI 的这一要素是一种"本校过程监控"。一旦缺少这一要素，学生的数据和成绩就无法保证有效、可靠。在本章中，作者提供了一个用以管理操作准确度的三维模式。利用这一模式，教师可以确保 RTI 能按照设计及研究的意图产生效果。

第一章
RTI①

威廉·本德
卡拉·肖尔

随着 IDEA（2004）的颁布，联邦政府以官方的名义允许各校根据学生对干预的反应程度，来决定是否将之划归为学习障碍生。这一方案通常被称为 RTI（Bradley, Danielson, & Doolittle, 2005；Fuchs & Fuchs, 2005；Gersten & Dimino, 2006；Marston, 2005；Mastropieri & Scruggs, 2005；Scruggs & Mastropieri, 2002）。IDEA（2004）明确指出，为了鉴定儿童的学习障碍（LD），学校可采取措施，包括就儿童对于科学的、基于研究的干预的反应程度进行判断，并将此作为评价的一个组成部分。

尽管对 RTI 的研究始于 20 世纪 60 年代，但直到最近十年左右，这一模式才引起研究者和教师的极大兴趣，并被作为鉴别学习障碍及／或阅读障碍的一种合理手段。即便如此，想要用来鉴定学习障碍，或判断学生是否有资格获取关于学习障碍的相关服务，RTI 模式仍然有待检验。这意味着，我们完全可以将 RTI 作为对具有（或不具有）学习障碍的学生进行过程监控的工具（Fuchs & Fuchs, 2005, 2006；Marston, Muyskens, Lau, & Canter, 2003；Vaughn, Linan-Thompson, & Hickman, 2003；Vellutino et al., 1996）。

---

① 选自威廉·本德和卡拉·肖尔所著的《干预反应模式：教师实用指导手册》（*Response to Intervention: A Practical Guide for Every Teacher*），科文出版社，2007 年。

对学习障碍的有效鉴别

由于人们对先前的学习障碍判别方法普遍感到不满意，RTI 作为一种 LD 鉴定工具便应运而生。尤其需要指出的是，该领域内许多人都非常反感用学生的认知水平（以智商分数表示）和学业成绩间的巨大差异来判断其是否具有学习障碍。自 20 世纪 90 年代以来，许多政策制定者便指出，这种差异求证法往往导致了对学障生的过度识别，从而也使得这一方法在判断哪些学生表现出学习障碍时，难以做到精确严谨。

> 反思 1.1　你的差异求证经历
>
> 作为教师，你可能对那些疑似有学习障碍的学生进行过差异求证，但这种求证往往并不十分有效。你有过以下这样一种经历吗？虽然根据颠倒错误（譬如学生将字母或单词颠倒）、朗读错误或者拼写问题，你相信学生正表现出学习障碍，但这种差异还没有"大"到能鉴定其为学习障碍者。除此之外，你在使用差异标准时，是否还碰到过其他困难？

1975 年，当 LD 这一概念首次出现在《联邦残疾人士教育法案》（*Federal Education of the Handicapped Act*）时，它便引起了争议，这一争议一直持续到 1997 年《障碍者教育法案》（*Individuals with Disabilities Education Act*, IDEA 1997）的颁布。诸多争议的归结点在于能否将智商和学业成绩的差异作为判定一个学生为"特殊学习障碍"（Specific Learning Disability）的决定性因素（Reschly, Hosp, & Schmied, 2003）。

在 IDEA（2004）之前，"特殊学习障碍"是指：

在理解或运用语言中，在说或写等一个或多个基本的心理过程中发生的障碍，这些障碍可能表现为在聆听、思考、言说、阅读、写作、拼写或计算时的能力不完善，包括知觉缺陷、大脑损伤、轻微脑功能失调、阅读障碍、发展性失语症等。

此概念不包括那些主要是由视觉障碍、听觉障碍、运动障碍、智力落后、情绪紊乱等原因或由于在环境、文化、经济上处于不利地位而导致的学习问题。（美国教育办公室，1977年）

简单地说，特殊学习障碍包含了听力、思考、言说、阅读、写作、拼写和计算等七大领域。除了勾画出学习障碍的各个方面之外，这一法案也大致概括了用于鉴定LD的分类标准（或规则）。这些标准不包括低成就以及显著差异，但涉及作为特殊学习障碍基础的基本心理过程。因此，虽然该定义将重点落在智商与学业成就的显著差异上，但未曾对这两方面的标准进行过明确的叙述。在一份提交给美国教育部特殊教育项目办公室的报告中，瑞斯利、霍斯普和施米德（Reschly, Hosp, & Schmied, 2003）认为这种矛盾正是LD概念建构中的重大瑕疵。他们指出："由于定义与分类标准之间越来越不一致，在涵义和合格性方面的问题便越来越多。"（p. 3）

研究表明，当预测学生的学业成绩时，"智商—学业成就差异"模式在解释LD时往往显得信度和效度不足（Fletcher, Denton, & Francis, 2005; Siegel, 1989; Vellutino, Scanlon, Small, & Fanuele, 2006; Ysseldyke, 2005），因此这一方案往往被称为"坐等失败法"。究其原因，是该方案要等到学生进入三年级或以上年段时方可以运用（Reschly et al., 2003），从而在学生学习了某种程度的课程内容后，由教师对其学业成绩进行有效测试，并计算出其智商与学业成绩间的差异。另外，对学障生的过度识别，也增加了特殊教育的总体开支（Fuchs & Fuchs, 2006）。据估计，最初将特殊教育视为国家首要工作时，美国有2%的公办学校的学生可被归为学障生。而如今，这一数字远超过了5%，并且似乎还在逐年增长。根据2003年的一份全国调查，学障生在美国的分布有着较大差异，从最少的肯塔基州的2.96%到最多的罗德岛的9.46%（Reschly et al.,

2003）。州际差异似乎可归结为另一个问题，即各州之间缺乏一种统一的鉴定标准。上述调查的结果表明，在对智商、心理过程紊乱、学业范畴、淘汰标准以及差异确定方法等方面的要求上，各州之间区别较大。由于存在着这些差异，一位在某个州接受特殊教育的孩子，到了另一个州，可能被认定没有资格接受同类教育服务。

关于 LD 概念，还存在着其他一些问题。譬如，如果使用效度较低的测量工具，孩子可能被诊断为具有阅读障碍；再比如，LD 概念中诊断标准的评价与运用，对教学而言，也不具有指导意义。除此之外，"智商—学业成就差异"模式也无法区分因教育不足和生理性不足而引起的阅读障碍（Vellutino et al., 2006）。

显然，我们有必要澄清和修正学习障碍的概念及鉴定方法。经过专业研究者和教师们的争论，大多数人认为干预反应才是鉴别 LD 的最终标准。不过，许多教师其实并没有实施 RTI 的直接经验，毕竟这一鉴别模式刚刚出炉不久。更何况，到目前为止，只有很少几个州有实施该方案的计划，因为新的联邦条例直到 2006 年 8 月才开始生效。

RTI 为什么能发展？

1982 年，一份国家研究委员会的报告（Heller, Holtzman, & Messick, 1982）勾勒出将特殊教育进行分类的三个标准。第一个标准用以判断在普通教育环境内的教学质量能否满足充分学习的需求，第二个标准审视特殊教育项目是否恰当并能有效提升学生的成绩，第三个标准则保证评估过程是有效的和有意义的。只有达到了这三个标准，特殊教育的安置才被认为是有效的（Vaughn & Fuchs, 2003）。

海勒（Heller）及其同事们所做的研究（1982）推动了我们在鉴定过程中对于指导回应的使用。事实上，在他们之前已经有两个研究（Bergan, 1977；Deno & Mirkin, 1977）运用了类似的方法：其中一个对行为问题进行了探索，而另一个则重点关注课程学习。在这些研究中，基于学生的表现水平，问题变得越来越清晰，可测性目标也越来越显现。他们制订了一个干预计划，并通过课程测试工具监控学生的进步情况。最后，根据目标和基准的实现情况，确定是延续干预还是停止干预。

在之后的 20 多年中，对 RTI 的争论和研究十分深入。在众多的机构、小组讨论、圆桌会议以及峰会上，来自该领域的专家们对政策的修订建言献策（见表 1.1）。2001 年，乔治·布什总统设立了卓越特殊教育委员会（2002），用于研究特殊教育问题，并对如何改进教育服务出谋划策。该委员会发布的一份报告认为，应该实施早期干预以及与教学紧密相关的评价活动。总体而言，该委员会强烈建议，LD 的鉴别标准应该从"智商—学业成就差异"模式转为 RTI，以此来判断那些疑似具有学习障碍的学生对正确的教学指导是如何产生反应的。对于 RTI 的具体表述见后文。

表 1.1　支持 RTI 的研究及政策报告

报告组织	发布时间	报告内容
国家儿童保健和人类发育研究所（NICHD）	持续之中	结论："智商—学业成就差异"模式耽搁了对儿童的教育服务。主张通过 RTI 提供早期干预。
全国阅读专门小组（NRP）	2000	勾画出阅读的主要要素。
国家研究委员会少数民族过度再现（Overrepresentation）研究小组	2002	重点研究对穷人及少数民族青少年的早期鉴别和干预。对 LD 的鉴定提出了相关建议。
学习障碍全国峰会	2001	认为干预反应是一种 LD 鉴别的"最具潜力"的方法。
卓越特殊教育委员会	2001	建议在鉴定 LD 时重点关注结果与预防。

资料来源：Batsche et al.（2006），Fuchs et al.（2005）。

2002 年，国家学习障碍研究中心发布了《共同基础报告》（*Common Ground Report*），就 LD 的鉴别、鉴定以及干预提出了 14 项建议。该报告是全国八大组织负责人在 LD 问题上一致达成的结果。为了判断 RTI 能否达到《共同基础报告》提出的基本要求，马斯顿（Marston，2005）将这些一致性见解与三个较为成功的 RTI 项目进行了对比，认为 RTI 十分符合这些观点，从而得出结论——RTI 是鉴定 LD 的一种可行性方案。有关这些一致性见解的具体内容，详见表1.2。

表 1.2　国家学习障碍研究中心《共同基础报告》（2002）中的一致性见解

· 必须采取以学生为中心的、全面评价的、基于问题解决式的鉴别方法，从而保证具有特殊学习障碍的学生能被有效鉴别。

· 本领域必须不断提倡使用基于科学的实践范例。但是，如果研究无法充分开展，则数据必须保证来源于成功的范例。

· 在与特殊教育及相关服务人员进行协作时，普通教育必须担负起高质量教学的责任，并在研究的基础上进行干预，同时，及时鉴别处于学习障碍边缘的个体。

· 对于那些已被证实可用于具体操作的基于科学的实践范例，学校和教育者必须掌握其相关信息。

· "能力—成绩差异"模式不能用于学习障碍鉴别。

· 具有特殊学习障碍的学生必须受到密集的、反复的（回归式）、显性的、基于科学的教学指导，且其学业成绩的进步必须受到持续的监控。

· 具有特殊学习障碍的学生在各个年段和各个年龄必须同时通过普通教育和特殊教育的形式来接受持续的干预。

· 跨学科小组根据相关数据以及学生的需求和能力作出临床判断，并以此进行学习障碍鉴定。

· 干预必须及时，并要符合学生具体的学习和行为需求。

· 只有在连续实施、准确设计，并保证有足够的强度和持续性水平的前提下，干预才能发挥最大效益。

· 在学校期间的不同阶段，基于对个体的评价及持续的过程监控，被鉴别为具有特殊学习障碍的学生可能需要不同程度的特殊教育以及依据 IDEA 应获得的相关服务。

反思 1.2　谁决定了用以解释 LD 的政策？

　　正如上述分析，好几家全国性的研究机构都认为，RTI 是一种鉴别学障生的有效手段。无论是卓越特殊教育委员会还是国家学习障碍研究中心，都对之大力推介。但是，由此产生一个问题：是谁决定了用以解释 LD 的政策？一个经常被忽视的事实是，任何一个州都可以根据国家教育部的法律法规来对 LD 进行有效解释并设置鉴定程序。因此，对实施者而言，一个关键的问题在于：你所在州的教育部门是否已经开始调整他们的法律法规和做法，以适应 2006 年 8 月生效的新的法律法规？有关新的联邦法律法规可参见官方网站：www.ed.gov/idea。

什么是 RTI?

RTI，简单地说，是一个高质的、具有科学验证性的教学实践过程，它基于学生的需求，对学生的进步实施监控，并根据学生的反应作出教学调整。若学生的反应远远劣于其同伴，则可认定其具有学习障碍（Fuchs, 2003）。其中包含的假设是，同样的教学，对其他学生有效，而对某位学生无效，这意味着这位学生可能存在学习障碍。干预往往被分为各种层级的指导。虽然 RTI 看起来相对简单直接，但在实际操作过程中，为使其有效、可靠、可行，实施者必须更为全面地考虑到其复杂性，并更为周全地对它进行设计规划。

前文已经提到过早期关于 RTI 研究的两份文献（Bergan, 1977；Deno & Mirkin, 1977）。这些研究在对 RTI 过程的描述上存在着分歧，并分别演变成为问题解决法（problem-solving）模式以及标准治疗法（standard protocol）模式。如果要在实施过程中确定最有效的方法，了解这两种模式是十分重要的。

伯根（Bergan, 1977）在其研究中使用问题解决式的方法来处理特殊教育过程中存于学生间的行为问题。在此过程中，他首先对该行为问题进行描述，然后尽可能地对其进行精确测量，借此建立学生与同伴间在行为和表现上的对照体系。之后，干预小组运用问题解决式的方法来分析数据，并参照同伴的表现，来为学生建立一个目标。接下来，小组根据科学验证性范例，为学生的行为改变制订干预计划。这种干预的实施需要持续一段时间，同时也需要不断监控其过程。在过程监控中收集到数据之后，即对学生进行评估，并将结果再度与该生的同伴相比较。最后，小组利用这些数据对该生进行规划决策（Batsche，et al.，2006）。以上就是基于小组的问题解决法模式实施的大致思路。

德诺和米尔金（Deno & Mirkin，1997）在研究中采取了另外一种方法。他们采用的是基于课程的测量方法，这种方法在评估某一时期内学生学业成绩进步时已被证明是非常有效的。他们接着制订了一个干预计划，用于克服发生在学障生身上的某些阅读困难。随着 RTI 研究文献的不断增加，这一方法后来被称为"标准治疗法"。

虽然这些研究所采用的方法具有很多相似性，但也存在着一些重要的区别。德诺和米尔金采用基于课程的测量法来为学生的学业成绩建立基准。在这种模式下，每一位学生都与自己先前的表现相比较。这一点与伯根的问题解决法不尽相同，问题解决法是将学生的表现与其同伴相比较。另外，标准治疗法中的基于课程的测量方法也常被运用，因为它允许根据学生的反应来不断调整教学。干预小组可根据学生对调整过的教学的反应来决定是否中止、延续、调整或强化教学（Kukic，Tilly，& Michelson，2006）。

反思 1.3　你对基于课程的测量方法的使用

从这些关于 RTI 的最初研究中你可以发现，相比问题解决法，标准治疗法在更大程度上取决于课程测试，尽管这两种模式事实上都包含了这种测试。你之前在班上进行的每周一考或每两周一考或每天一考的情况是怎样的？目前你在班上使用这种过程监控手段来跟踪学生的学业进步吗？或者，在使用这种测试时，你是否需要学习一些新的技巧？

由此可见，这些最初的研究产生了两种截然不同的干预反应模式：问题解决法模式及标准治疗法模式。虽然这两种模式的结构类似，但它们对于教育干

预的设计，对于干预的影响或效果的评价，却大相径庭。大体说来，问题解决法模式执行的是针对个体学生需求的干预，而标准治疗法模式则是针对具有相同学业问题（如阅读理解）的小组学生进行的干预。这两种模式都需要基于研究的干预以及持续的过程监控，同时需要测量工具以确保干预和评价的准确性和完整性（国家学习障碍研究中心，2005）。在本章余下部分，我们将具体分析这两种模式的实例，并指出它们各自的优缺点。

问题解决法模式

如上所述，问题解决法模式是针对每一位学生所作的个性化决策及干预措施。在学校或系统内部的问题解决小组首先对学生的信息进行分析，而后确定干预需求、采取的干预方式以及为每一项干预所分配的时间（McCook，2006）。问题解决法模式已在好几所学校得以运用及完善，包括明尼阿波利斯公立学校（Minneapolis Public Schools）以及位于爱荷华州的中心地区教育机构（The Heartland Area Educational Agency）等。

明尼阿波利斯公立学校于 1992 年正式开始实施问题解决法模式（Marston，Muyskens，Lau，& Canter，2003），该模式的实施分以下三个层次（或阶段）：

第一阶段：课堂干预。这一阶段由普通教育的教师来完成。教师鉴别出那些学习上有困难的学生，并根据个体学生的需求来实施教学策略或改进教学措施，同时开始监控学生的进步情况。教师收集关于学生的优缺点、之前所运用的策略及其效果等方面的信息，也收集一切能被收集到的筛选数据、学生健康状况，以及来自他们父母的相关信息等。如果教师认为干预不成功，则进入第二阶段。

第二阶段：问题解决法小组干预。由一个可包括校内心理师、普通教育教师、特殊教育教师、阅读专家以及学校管理者等在内的多学科小组重新审视学生的信息，并对是否存在着其他影响学生进步的不利因素（如语言问题、贫穷、文化差异等）进行判断。在此基础上，审视和调整干预，使之更加契合学生的需求。之后，教师继续监控学生的进步状况并调整教学。如果教师认为通过这些调整，教学仍未对学生发挥充分的作用，则进入第三阶段。

第三阶段：特殊教育的转介及正当程序的启动。在征得家长同意后，学校启动对学生的评估程序。评估包括对第一阶段和第二阶段获取的学生的所有信息的回顾，譬如学生对干预的反应、直接观察的结果，以及学生为了发展认知、提高学业、习得恰当行为而采取的方式。小组通过已获取的信息作出鉴定，同时，考虑那些不利因素（如文化、语言及社会经济地位等）可能造成的影响（Marston et al., 2003）。

2002 年，明尼阿波利斯校区（总共约有 100 个学校）下属的所有 K-8 学校都采用了问题解决法模式，同时，所有中学也进入培训阶段。结果显示，在实施该模式前后，学习障碍发生率高的学生比例（7%）变化不大；另外，在明尼苏达州基础知识标准考试及明尼苏达州特殊教育目标考试中，这些学生的成绩水平也与接受传统特殊教育的学生不相上下。最后，转到第三阶段并接受特殊教育安置的学生人数既没有增长（Marston et al., 2003），也没有减少。事实上，对于 LD 和轻度精神损伤者而言，他们的安置率基本维持在约 7% 的水平。

问题解决法模式的第二个案例来自中心地区教育机构。该机构服务的对象为爱荷华州公立学校约 24% 的学生。1990 年，该机构开始采用四级问题解决法模式。为了实现向问题解决法模式的转变，该机构将传统的特殊教育及普通教育的资源进行了无缝分配。与明尼阿波利斯校区类似，中心地区教育机构所采用的模式也是根据个体学生的水平而进行的教学及评价活动（Tilley, 2003）。

蒂利（Tilley, 2003）指出，在四级的、基于个体的学校系统中，存在着几个"操作性难题"。这些难题有：一旦学生人数规模较大，就很难处理学生的个性化问题；资源要求过多，导致教学指导效率低下，尤其当处理人数众多的学生的轻度教育问题时。因而，在过去的三年中，中心地区教育机构转而采用下述三级模式。

第一级：核心教学课程（面向所有学生）。

第二级：核心教学及补充教学资源（面向需要额外帮助——以小组或个体辅导的形式进行——的学生）。

第三级：核心教学资源及强化资源（面向需要高强度干预及个性化资源的学生）。

中心地区教育机构将他们的问题解决法模式解释为"一种包含了对学生行为问题或学习困难的客观描述，对学生问题的系统分析，以及对一系列有计划、有体系的干预的实施过程"（Grimes & Kurns, 2003）。通过在决策过程中使用科学方法，该服务机构融合了"科学致用"的理念（Tilley, 2003）。通过实施下列四个步骤，这种模式可被运用于任何一个干预级次。

确定问题：问题是什么？它为什么会发生？

干预小组观察学生的期待行为（或表现）与实际行为（或表现）间的差异，并通过正确的评估及数据分析来找出具体的问题，排除引起该差异的不正确的教学法。

制订计划：怎样去解决问题？

干预计划的制订要基于学生的不足与需求。在计划之中，基于研究的策略是其关键内容。

实施计划：计划能否如愿完成？

计划要按照设计思路那样去执行。为保证评估干预的效果，还须实施持续的过程监控。

评价：计划实施后是否产生了希望达到的效果？

及时评价计划实施过程中所收集到的信息，从而决定下一步的行动措施（Grimes & Kurns, 2003）。

通过上述递进式过程，多学科干预小组制定出关于教学设计的正确决策。中心地区教育机构向每一所参加该项目的学校提供源源不断的支持。这种支持往往体现在学校可获得专业人士，譬如心理师、教育顾问、社会工作者，以及/或言语病理学家等的额外指导。如果学生在每一个层级的学习进步都不明显，则被认为可能合乎接受特殊教育的要求（Jankowski, 2003）。

中心地区教育机构的问题解决法模式的另一个重要方面是教师培训。所有参加项目的学校老师都要接受关于研究策略及评价等方面内容的强化培训。除此之外，中心地区教育机构还提供问题解决、小组构建、数据收集以及数据分析等方面的培训。持续的培训及支持已经成为该模式的基本组成部分（Grimes & Kurns, 2003）。

根据中心地区教育机构的报告，从幼儿园到三年级，特殊教育的安置率有了显著下降。在问题解决法模式下实施"中心地区早期读写项目"之后，39所项目学校在报告中展示了他们在1999—2004年中取得的效果（Tilley, 2003）：

· 幼儿园阶段的特殊教育初次安置率下降了41%；

· 一年级特殊教育初次安置率下降了34%；

· 二年级特殊教育初次安置率下降了25%；

· 三年级特殊教育初次安置率下降了19%。

读者可能注意到，适合接受特殊教育的学生的下降率的确在减少，不过，我们也应该注意到，在中心地区教育机构这一案例中，这一下降率是相对于所有接受特殊教育的学生，而不仅仅是那些学障生。

标准治疗法模式

标准治疗法模式运用的是一套基于研究的标准干预，在操作中往往采用二、三或四级干预。相比问题解决法模式，这一模式的干预是在级与级之间的自然过渡中发生的，并且对所有具有相同学习问题的学生而言，其干预都是类似的，而并非针对个体学生进行专门设计。对这一模式的研究非常之多，故我们在此只探讨 RTI 领域中几位主要研究者的成果。

麦克马斯特、福斯、福斯和康普顿（McMaster, Fuchs, D., Fuchs, L.S., & Compton，2003）曾经在纳什维尔市八所学校中实施过标准治疗法模式，用以鉴别学生的阅读问题。教师在教授一年级学生阅读时，使用的是标准课程以及常规阅读材料，而评价学生时则采用"快速字母命名"（Rapid Letter Naming）测试卷。每个班表现最差的八位学生被分成小组，教师会采用 1～2 种基于研究的策略对其进行指导，这两种策略即同伴协助学习策略（PALS）及"同伴协助学习 + 流畅度"策略（PALS+Fluency）。一年级的 PALS 阅读（Fuchs et al.，2001）是一种同伴协助的教学法，即学生每天利用一段时间进行相互辅导。后来范德堡大学（Vanderbilt University）的研究者进一步优化了 PALS 学习策略，并重点关注语音意识、语音解码、单词认读以及阅读流畅度等方面。"同伴协助学习 + 流畅度"策略，则对阅读流畅度和理解力给予了更多的关注（McMaster et al.，2003，p.9）。

在这份研究中，对学生持续的过程监控是通过早期基础读写技能动态指标考试（DIBELS；Good & Kaminski，2001）中的非词流畅度测量工具以及道奇词汇测量工具来实现的。经过七个星期的教学，学生如果在几项标准下的成绩低于普通读者 0.5 个标准差，则被归入"无反应者"行列。这些"无反应者"而后被编成小组，接受更为密集的或经过调整的 PALS 教学，或者接受为期 13 周的辅导。调整过的 PALS 教学在设计上主要体现在以下三个方面：在教学上，教师对语音和词汇的直接介绍更少，学生完全按照自身的能力水平进行学习；作为"辅导者"的学生对语音和词汇进行示范；更为强调语音意识和解码技能（McMaster et al.，2003，p.9）。在接受 PALS 及调整后的 PALS 教学的小组内，按照设计思路要求，干预行为由同伴执行。在辅导小组内，干预行为则由受过训练的成年人执行。与上述相同，针对每位学生的过程监控每两周执行一次。该研究对适宜的鉴别标准及有效的教学策略等问题进行了一番探索。

维鲁迪诺等人（Vellutino et al.，2006）在纽约城乡各校所做的研究可谓是对标准治疗法模式最全面的研究之一。这项历时五年的研究探索了干预对于在幼儿园及一年级中处于阅读障碍边缘的孩子所产生的影响。在首批 1373 个孩子刚进入幼儿园时，便对他们进行字母名称知识的测试。测试结果表明，约 30% 的孩子处于阅读障碍边缘。这些孩子紧接着被平均编入治疗或控制小组。治疗小组成员（每组 2～3 名孩子）在幼儿园期间接受小组早期读写干预项目学习，其中的干预行为由一名曾在此课程内容上接受过项目培训的教师来执行。这些学生从普通教学中脱离出来，参加一周两次、每次 30 分钟的专门课程的学习。过程监控每学年进行三次（分别在 12 月、3 月和 6 月）。研究的初步结果显示，治疗小组学生的阅读能力得到了明显提升。

在接下去一年中，研究者重新对参加过幼儿园治疗小组和控制小组的学生进行了测试。根据测试结果，50% 的治疗小组成员符合阅读有障碍者的条件，而在控制小组中，这一比例达到了 60%。所有在一年级时被认定为有阅读障碍的学生，要么接受项目教师的个别辅导，要么接受学校正常的一年级补习，同时，对他们的过程监控一直持续到三年级结束。研究结果表明，只在幼儿园接受干预或同时在幼儿园和一年级接受干预的学生当中，84% 的人在三年级末的阅读测试中达到了平均水平。对于有阅读障碍的学生而言，这可是一个令人刮目相看的变化。也许对该研究而言，最重要的发现是早期干预对预防阅读障碍能起到积极作用。

这两项研究涉及的都是对三年级或更低年段孩子的阅读问题的鉴别。事实上，标准治疗法 RTI 模式还被用于预防和鉴别数学学习障碍。福斯等人（2005）曾使用每周一次的课程测试卷，对 41 个一年级的孩子（来自十所学校）进行数学测试。试卷中的 25 道题目体现了一年级课程教学中要求学生具备的数学技能。每三到五周算一次学生考试成绩的平均值。根据平均得分，正确答题数在 11 道以下的孩子被认为处于数学学习障碍边缘。

这些学生之后被归入 2～3 个小组，并接受每周三次、总时间为 40 分钟的辅导和计算训练。在小组各成员掌握相关知识或者专题内容被教授完成之前，教师始终用"实例—描述—抽象"（CRA）的数学教学法（Butler, Miller, Crehan, Babbitt, & Pierce, 2003; Cass, Cates, Smith, & Jackson, 2003; Mercer,

Jordan, & Miller, 1996）进行教学干预。这一方法涉及使用教具来帮助学生理解概念。在 66 节课（取决于学生的掌握情况）中，总共要教授 17 个专题。在此过程中，还要不断地进行课程测试。研究发现，学生在计算能力、概念的理解和运用，以及应用题的解答上都取得了进步。在这些方面，接受干预的学生超过了没有接受干预的学生。研究者同时发现，在某些测试上，处于学习障碍边缘且参加了辅导的学生，其成绩进步幅度与那些被认为未到学习障碍边缘的学生相比，几乎不相上下，甚至要好于他们。最重要的是，该研究还指出，本案例中的干预使得数学学习障碍的发生率平均减少了 35%。

在另一项关于数学表现的研究中，福斯等人（2006）对一种叫作"热点数学"（Hot Math）（Fuchs, Fuchs, Prentice, Burch, & Paulsen, 2002）的课程在三年级学生中产生的效果进行了探究。第一层级的干预是对 13 所学校 40 个普通教学班进行热点数学整班教学，每周教学 2 到 3 次，总共 16 周，每节课 25 ～ 40 分钟。干预之后，成绩最差的学生被分配至第二层级的热点数学辅导。二级干预每周三次，每节课 20 ～ 30 分钟，总共 13 周。学生每 2 ～ 4 人一组，共同接受指导。如果某位学生的日考试分数低于常模分数一个标准差，则该生被认为对教学无反应。也正因如此，本项研究中学生的表现取决于多次测试结果，并因他们参与的干预层级数而有所差别。总体而言，该研究显示，大多数接受不同程度干预的学生，就全部测试而言，都能取得长足进步。而对于只接受传统教学的学生来说，他们在解决问题时的无反应者比例高达 86% ～ 100%；对于接受两个层级干预的学生来说，这一比例则是 12% ～ 26%。这说明，RTI 在减少三年级处于数学学习障碍边缘的学生人数方面，具有重要的意义。

表 1.3 问题解决法模式与标准治疗法模式的优缺点对比

模 式	优 点	缺 点
问题解决法模式	·决策的制定基于个体学生需求。 ·在选择干预及资源分配时更为灵活。	·解决个性化学习者问题比较费时。 ·要求教师和团队成员知识面广，并精通基于研究的教学策略。

模　式	优　点	缺　点
标准治疗法模式	·策略及评价的描述更加清晰、科学。 ·随时随地满足学生需求的标准干预。 ·级与级之间条理清晰。	·在干预的选择上缺乏灵活性（一招鲜，也不能吃遍天下啊）。 ·依赖于可用资源，可能会需要额外的人员。

几点想法

随着 2006 年 8 月最后一版 IDEA 的颁布，大家以为大多数州（即便不是全部）都会将 RTI 的某些形式与本州的政策、做法相结合。不过，法规本身并未就具体的干预反应模式提出建议，也没有要求人们去执行任何 RTI 程序，只是允许将 RTI 作为一个鉴定程序去鉴别学习障碍。法案的相关部分内容见下框（参见 www.ed.gov/idea 中的 "Changes in Initial Evaluation or Reevaluation"）。根据这一内容，IDEA（2004）中包括如下条款。

> **建立用于评估疑似具有特殊学习障碍的儿童的程序**
>
> 尽管有第 607（b）条的规定，当确定儿童是否具有如第 602 条所定义的特殊学习障碍时：
>
> 地方教育管理机构（LEA）不必考虑儿童在口语表达、听力理解、写作、基本阅读技能、阅读理解、数学计算或数学推理等方面的学业成绩与其智力之间是否存在着巨大的差异。
>
> 地方教育管理机构（LEA）可采用某种方法来判断儿童对科学的、基于研究的干预是否产生反应，并将此方法作为其评估程序的一个组成部分。
>
> [614（b）（6）]

你可以发现，该条款排除了对差异度计算的要求，但又没有明确禁止这一做法。同时，该条款对采用何种模式——标准治疗法模式还是问题解决法模式，并没有作出任何引导。

尽管在某些领域，譬如对幼儿的阅读指导和干预，RTI 的研究基础非常广阔，但就 RTI 的实施而言，依然存在着诸多未解决的问题。教师在某些具体问题上可谓进退维谷：他们既希望通过早期干预和正确的障碍鉴别来为学生提供预想中的好处，同时又希望其实施过程有效而经济。本书余下几个章节将分别讨论这些问题，并为有效实施 RTI 提供指导。

基于规划的目的，分析当前的教学流程对一个学校或校区来说是非常有好处的。附件 A① 中的"需求评估"（Needs Assessment）集中关注了之后几章所要讨论的 RTI 的诸多方面。在你刚开始实施 RTI 时，若校区人员觉得有必要帮助你制订计划，该表格可以按原样使用，也可以进行调整后再使用。

---

① 本书提到的"本书""本章""前面各章""以下各节""附录""资料"等均指原专著中的内容框架，下同。——译者注

第二章
确定适宜且基于研究的干预 ①

卡拉·肖尔
金·切斯特

现在，教育领域有一种新的现象：教学"艺术"正演变成为教学"科学"（Marzano, Pickering, & Pollock, 2001）。教学不该仅仅是有趣且有创意的活动，也必须是一种能促进学习的有计划的、系统的研究。我们相信，学校的改进工作，光靠直觉是不够的，还必须依靠经验和基于研究的实践。有效教学的核心是教师。事实上，近来对教学的研究表明，影响学生学业成绩的最重要因素正是教师（Wright, Horn, & Sanders, 1997）。正因如此，在本章中，我们将重点关注教师在各个层级的课堂教学中能够实施的基于研究的策略，这些策略的实施，是为了能最大限度地提高学生的学业成绩。

在第一章的讨论中我们指出，联邦教育法律法规要求我们在教学中采用基于研究的策略，如 IDEA（2004）以及 2001 年的《不让一个孩子落后法案》（NCLB）等。尤其值得注意的是，NCLB 指出，只有被科学研究证明是有效的策略和方法，才可以运用于学校的改革计划之中（学校整体改革计划办公室，2002）。IDEA（2004）也涉及基于研究的策略的使用，尤其是当要鉴别学生是否具有学习障碍，或者当要为那些处于学习失败边缘的学生提供早期干预服务时（美国教育部，2006），更须如此。

---

① 选自卡拉·肖尔和金·切斯特所著的《利用 RTI 进行学校改进：提高每位学生的学业成绩》（*Using RTI for School Improvement: Raising Every Student's Achievement Scores*），科文出版社，2009 年。

关于如何正确定义基于研究的策略，一直众说纷纭。NCLB 使用的是"基于科学的教学策略"这一概念，并要求其目标援助学校加以使用。该法案中"基于科学的研究"既包括对于严格、系统而又客观的教学过程的研究，以获取与教育活动及计划相关的可靠而正确的知识，又包括以下性质的研究：

· 运用通过观察或实验得出的系统的、实证的方法；
· 运用严格的数据分析，通过这些分析能够检测所提出的假设，也能验证所得出的一般性结论；
· 使用测量或观察法，从而使得无论评价者或观察者是何人，无论通过何种测试及 / 或观察，无论调查人员是否相同，所得出的数据都一样的可靠、有效；
· 使用实验或准实验设计来进行评价。在这些设计中，个体、团体、计划或活动都被施以不同条件并得到正确控制，从而借助随机分配实验，对所关注的条件所产生的效果进行评测；也可使用其他设计来进行评价，这些设计包含了条件内控制与条件间控制；
· 确保实验研究的呈现能够细节充分、清晰明了，利于他人复制，或者至少能让他人根据其发现来系统地建立起自身研究；
· 通过较为严格、客观与科学的评议，为同行评审期刊或独立专家小组所认可（NCLB, sec. 9101）。

大体来说，根据法律，在学校实施的计划和干预，都要在证据的质量、数量、信度、效度以及易复制性等方面符合这一高标准。2004 年，国会采纳了 IDEA 提出的关于"基于科学的研究"的定义（美国教育部，2006；sec. 300.35）。如此一来，RTI 在判定学生对于科学的、研究性干预的反应时，就符合了这一标准。

随着学校不断实施 RTI，我们看到，在实际使用中，干预具有多种类型。在我们看来，干预可分成四个不同的类别：具研究效度的课程、研究性辅助材料、研究性实践，以及研究性学习策略。

在大多数研究文献中，具研究效度的课程往往是指国家及 / 或地方课程，包括教材以及正确教授课程的结构性方案。目前，大多数州已采用基于国家标准的课程。为此，他们向各地方学区提供了一份本州认可的教科书名录以供选择。这些材料成了核心课程，并用于普通教学。

补充材料常被用于二级或三级干预。这些材料必须与核心课程保持一致（Vaughn & Roberts，2007），并在一种或更多种的技能上提供更为密集的教学。同时，这些材料必须符合基于科学的研究（SBR）的要求。材料可以以印刷物、电脑软件或二者的套件的形式出现。

我们发现，许多学校都想获得这种类型的干预材料。使用已经出版的材料具有几个明显的优势，比如说，学校可根据自身的能力选择产品，以实现特定的技能目标（如字母学习或阅读理解）。另外，这些材料也能为教师提供带有具体指导的课程，有些时候某些内容甚至可以直接照搬。如果认真遵循这些指导，即便干预缺乏结构性，其教学准确度也会得到很大提高。在经过适当的培训之后，教辅人员或其他非职业人员（譬如辅导员）也能为教学提供指导（L.S.Fuchs & Fuchs，2007；Vaughn & Roberts，2007）。

目前，计算机辅助教学（CAI）正越来越多地被用于解决学生的个体需求。为了能在长大后成为一名成功的学习者，学生必须学会独立学习。而促进独立学习的一个有效方法便是借助于电脑。电脑能保证学生学习投入，并使得教师可以为其他小组的学生提供强化教学。不过，有一点非常重要，我们必须使用优秀的电脑程序，以满足学生的个性化需求。另外，电脑也不能仅仅被当作保姆使用。

CAI用于操练、辅导及模拟训练（Cotton，1991）。现在，教师要么单纯地把CAI当作一种电脑学习方式，要么将之视为一种以教师为导向的教学补充。斯坦内特（Stennett，1985）发现，设计优秀、执行完善的CAI软件，如果被用于补充传统教学，而不是独立于以教师为导向的教学之外，就能极大地促进学生学业成绩的提高。众多研究表明，使用CAI的学生，比起只使用传统学习模式的学生，学习进步更快，对信息的记忆也更为持久（Cotton，1991）。CAI保证了更多的客观性、更合理的学习节奏、更多的反馈机会、更为个性化的学习以及更高的参与度。因此，利用测试结果，将学生的需求与恰当的CAI相结合，显得十分重要。

尽管将市面上购买的材料用于干预有一些优点，但也存在着以下几个缺陷。

其一，对某些学校或校区而言，在市面上购买材料的成本太高。因为学生在技能上存在着各种各样的不足，你很难用一种或几种方案来满足所有人的需要。

其二，很难说市面上所有的产品都符合NCLB/IDEA"基于科学的研究"这一标准。事实上，这些产品与该标准的符合程度千差万别。例如，某些出版商的内部研究倒是有效而可靠的，但他们没有对自身的产品进行过单独的分析；还有一些出版商的研究设计非常糟糕，因而从根本上限制了其信度与效度；另外一些出版商的研究基础非常坚实，其产品往往由研究性大学进行开发并在大的校区进行推广。对教师而言，他们的困惑在于如何确定哪些产品是符合标准的，哪些是不符合的。毕竟，他们不能想当然地认为他们所要购买的产品是符合要求的。

2004年以来，出版商们一直在尽最大努力为其产品建立研究基础，或者想方设法推广其研究。为了能让他们的产品走向市场，有些公司将他们的产品与国家标准或NRP所推荐的材料进行比较。另外有些出版商则向学生提供他们在某些地区使用项目后的成绩数据。尽管如此，大多数出版商仍未取得符合NCLB/IDEA标准的研究成果。

为了帮助学校找到研究性教学策略，美国教育部教育科学研究所成立了"有效教育策略资料中心"（WWC）。该资料中心对众多科学的研究性干预，包括已经出版的一些材料进行了评价和分析。这其中包括一个评分系统，该系统根据研究得出的结论，从积极和消极两方面记录其对学生学业成绩所产生的影响，评价信息以简单易懂的图表及附加文字来表示。需要指出的是，为WWC提供论据的研究都符合NCLB/IDEA要求，那些不那么严格的研究或者处于研究范畴之外的个别学校的信息并没有被列入评分系统之中（WWC的网址为：http://ies.ed.gov/ncee/wwc）。

除此之外，佛罗里达阅读研究中心也应本州学校的要求，对目前市面上流行的一些阅读方案进行过评估（评估结果可浏览 www.fcrr.org/FCRRReports/）。也有一些其他机构对研究性教学策略和干预作过类似的推介（参见本书附录中的"资料 A"部分）。在阅读这些评价网站时，我们只关心由国家、地方、州教育部门或者那些重点研究性大学所完成的评分结果，而事实上，这样的信息也应该包括研究的标准以及上述推介的相应根据。

我们还建议，那些想要购买材料的教师应与出版商进行联系，并索要有关其研究基础的信息。正如前文所述，大多数出版商都会努力提供此方面的信息。很多时候，这类信息可以在相应公司的网站上找到，如果没有，你也可以打电话要求他们提供。

第三类干预叫研究性实践。该概念无所不包，对第一层级的教学而言，只要被认为是最好的教学，都可列入此类型。由于宽泛而不够具体，故无法精确描述和处理目标问题。为此，美国特殊教育项目办公室组建了一个资源中心，提供与这些实践相关的有价值的信息和教学模块内容。该中心隶属于某个基金项目，其资助已在 2007 年停止，不过，其网站依然存在（www.k8accesscenter.org）。

最后一类干预是研究性学习策略，无论是对于不同年段还是不同内容领域，这都是一种解决绩差生具体技能问题的合适方法。在实施 RTI 模式的过程中，许多学校都很关注这些教学策略的使用，来为二级和三级的学生提供干预。这些策略通常都有较强的研究基础，并符合 NCLB/IDEA 标准（L.S. Fuchs et al., 2003; L.S. Fuchs et al., 2004; Saenz, Fuchs, & Fuchs, 2005）。

相比在市面上购买的方案，上述各种类型的干预具有一定的优势，起码在成本上比较划算。其中大多数类型只需要少量投资，并且能利用学校现有材料（如基础教科书）。利用这些干预，可以很好地解决一些具体的技能问题，如文本信息记忆困难等。如果利用这些干预对各干预级次的学生进行系统性教学，而后将它们融入普通教学，效果也会非常明显。这意味着技能的提高可以拓展至多个内容领域。

尽管如此，在具体使用上，相比在市面上购买的方案，上述类型的干预也有其不足之处。进行干预的教师必须系统地完成从建模、训练、指导、独立练习到课程内容的应用等一整套的过程。这便要求教师深刻理解策略本身，同时明白在具体的教学中该如何使用策略。虽然这些策略结构明晰，但往往缺少指导材料（如教师用书或文本材料等）。因此，在教学的准确度方面便不如辅助材料或文本方案。在运用这些学习策略时，需要增加额外的措施以保证其准确度。我们建议，在使用这类教学策略之前，教师必须接受教学策略专家对其进行的持续指导。

我们相信，在选择使用 RTI 进行干预时，如果能将学习方案与学习策略相结合，将会十分有利。有些学生能通过特定的方案学会他们所缺少的技能，譬如字母或语音方面的技能；另外一些学生则需要学会元认知策略，从而改善在普通课程教学中的学习。到底该用哪一种干预类型，必须取决于学生的需求。

许多教师认为，相比普通教学实践，研究性实践是一种更加有效的教学方法。不过，如何确定多种策略，实施策略时如何同时保证教学准确度，怎样培训教师使用这些策略等，对学校而言，都是令人头痛的。正因如此，我们认为，有目标的教师职业发展，对于学校的成功发展来说非常关键。想要实现多项干预，我们就有必要将面向小众培训的教师系统发展计划与学校的整体发展规划相结合（Eaker, DuFour, & DuFour, 2002）。

最好的干预实践必须适用于所有的教学，个性化的策略也是如此。教学策略一旦确定，就必须按照研究所建议的强度和结构来实施。要记住，如果想要对学生进行明确指导，就必须对重要概念进行建构与示范。同时，学生还得有机会去操练、运用，并接受描述性的反馈意见。另外一点，对不同的干预，分组也必须灵活多变。

要确保教学的有效性，一方面需要管理者认真负责，另一方面也要动用其他一切资源，如家长；不光要发动校内的每一个人，同时也要制订出一个灵活的进度表，以满足学生的需求。一旦建立了这样的支持系统，那么学校就可以针对学生的各种需求进行大量的实际干预了。

在本章中，我们不准备讨论那些已出版的教材或辅助材料，因为它们量大且复杂。我们所要提供的，是与研究性实践及学习策略相关的一些信息。为此，我们选择了那些具有亮点的教学策略，这些策略可用于不同年段、不同内容区域。我们在本章中讨论干预时，千万要记住，这只是众多策略中的一个，而所有的策略都是有利于学生的。选择哪一种策略、选择在何处实施，取决于学生在学习和行为上的需求，同时也取决于你所在的学校采取的 RTI 模式的结构。

第一级：最佳教学实践

我们首先来分析一下能与第一级教学相结合的实践范例。这些范例算不上教学策略，它们只是一些方法，用以组织普通课堂教学并促进全体学生的学习。为了建立有效教与学的坚实基础，下列几个因素必须考虑到位。

全校范围内的行为管理

在 2000 年发布的《年轻人暴力行为报告摘要》（*Executive Summary on Youth Violence*）中，美国公共卫生部长指出，暴力行为正呈现出持续增长的趋势。如果我们到普通学校去看看，我们就会发现，不受约束的行为正严重干扰着学生的学习。为此，教师们常常要求得到有关行为管理方面的协助。为了解除这一担忧，我们提供了一些实用的基本方法，这些方法显然可用于学校内的各种场合。

对于行为问题，教师需要的是预防性的、积极的方案，而不是起相反作用的、糟糕的方案。全校性的行为管理正是为促进全校学生的恰当行为而提供支持与基础（OSEP 正向行为干预技术援助中心，2007）。其正向行为支持关注三个层面的学习改进策略：初级或一级（全校层面），二级（班级层面），以及三级（个体层面）。

有效行为管理的基础体现在第一级的支持上。该基础适用于所有师生，并适用于校内所有场合。这些策略须至少对校内 80% 的人员有效，如果超过

20% 的人员需要二级支持，则全校层面的行为规划需要强化。全国正向行为干预技术援助中心概括出以下七大要素，这些要素对于建立综合校纪来说是必不可少的。

1. 为规范纪律而采用的约定的、被众人接受的方法；
2. 对于目的的正向叙述；
3. 少部分正向叙述的师生准则；
4. 将这些准则传授给学生；
5. 不断鼓励学生根据这些准则展现自己，并加以保持；
6. 不断阻止违规行为的出现；
7. 在日常行为中对纪律体系有效性的监控与评价（OSEP，2007）。

为了增加和延长支持，随着基础计划的制订和实施，学校内的每一位成年人都须全面投入，从而在全校所有成员（包括教师、学生和家长）的认真参与下，取得最后的成果。

班级范围内的行为管理

拥有一个全校范围内的有效行为管理计划，对班级任课教师来说是很有好处的，因为在比较的过程中，老师们会相互鼓励、相互支持。不过，也有一些学校并没有总体规划，而是让教师在各自的班级里制订结构完善、积极主动、具备支持的行为管理计划。

在许多研讨活动中，课堂管理一直是个热点话题，因为它影响到学生的学习效率。如果课堂管理混乱，那么教师教不了，学生也学不了（Marzano，2003）。1970 年，雅各布·库宁（Jacob Kounin）最先对课堂管理进行了大规模的系统研究（Marzano，2003）。他发现，有效的课堂管理包含四个关键要素："千手千眼观音"策略（withitness）、教学演示时的流畅度与推进力、明确的准则，以及课堂作业的多样性和挑战性（Kounin，1970；Marzano，2003）。接下去，我们将仔细分析这几个要素。

"千手千眼观音" 策略

"千手千眼观音" 是指教师能感知和了解教室里所发生的一切。为了做到这一点，教师既要全面观察教室里的每一位孩子，又要同时关注教室里的每一项活动。在这方面，沃尔夫冈（Wolfgang，2004）发现，那些声称能洞察课堂一切的教师，事实上得益于学生不断提高的投入度和不断减少的不良行为。教师得让学生明白自身的行为，并对行为问题作出提前、恰当而迅速的处理，让他们感到"后脑勺有一双眼睛"。

流畅度与推进力

要使课堂具有流畅度与推进力，计划和实施就必须详尽而明确。一旦过渡不流畅，就会浪费大量的时间。因此，必须规定清楚使过渡时间最小化的准则和方法，并且严格执行。兰德尔·施普伦格（Randy Sprick）所著的《行为原则：积极主动的课堂管理方法》（*CHAMPs: A Proactive and Positive Approach to Classroom Management*）就是一本非常实用的书（Sprick, Garrison, & Howard, 1998），它告诉我们如何具体设定准则并压缩过渡时间。CHAMPs 是对话（Conversation）、帮助（Help）、活动（Activity）、走动（Movement）、参与（Participation）等词的首字母缩写，是对学生一天之中所要遵循的准则的分类。在课间自修时，教师向学生展示关于上述分类的图片，即学生安静地学习（对话），举手请求帮助（帮助），在座位上完成作业（活动），不在教室走动（走动），以及积极地学习（参与），等等。另外，对流畅过渡来说，通过恰当的节奏来控制课堂教学也同等重要。停顿时间一定要控制到最少。教师要以一定的节奏来进行授课，从而提高学生的投入程度。

明确的准则

开学第一天，就必须对准则进行明确的规定，同时还要有具体的规则和方法。这些规则和方法，必须张贴在显著的地方，要经过积极讨论，并且要经常进行回顾。"规则"和"方法"在目标上有所不同：规则是总体上的准则，而方法则是在某些行为上的具体准则（Marzano，2003）。比如说，总体规则要求尊重他人，而方法则规定了如何在班级里获取帮助。无论是规则还是方法，都是有效课堂管理的重要组成部分。

多样性和挑战性

多样性和挑战性有利于集中学生的注意力。当学生在课堂内觉得无趣或没有挑战时，他们的不良行为就会发生。学生可能自行更改任务，或者不动脑筋，或者干脆做些"坏"事自得其乐（Kounin，1970）。为了在最大程度上减少这些不良行为，教师必须根据他们的学习能力开展有挑战性的活动或提供指导。除此之外，教师还可以通过弹性分组的形式或丰富多变的教学方式来提高课堂教学的多样性。20世纪70年代以来，在改进课堂管理方面，已经研究出不少策略。"资源 A"列出了几种积极主动的纪律及行为管理措施。

教师常常说他们没办法进行差异化教学，因为学生无法恰当转换，也无法适应差异化教学带来的变化。我们强烈要求教师去探究这一问题的本质：真正的问题不是差异化教学本身，而是行为问题。因此，教师如果要运用必要的教学策略，就必须从行为上去考虑问题，必须在转换时间和教学时间上为学生制订明确的准则。一旦行为问题得以解决，教师就能有效地实施差异化教学策略，从而满足学生的需求。

差异化教学

差异化教学是一种教学理论，这种理论基于这样一个理念，即教学必须多样化，并满足学生的个体需求。具体说来，即不同能力、兴趣和学习风格的学生，对于同一内容的学习可以有多种方法。除此之外，差异化教学还使得学生对学习具有更强烈的责任心和自主性，并且有更多的机会能与同伴协作学习。

　　差异化教学的设计和实施最初只针对普通教育中具有天赋的学生，因为这些孩子往往缺乏必要的挑战。随着课堂教学中的变化越来越多，差异化教学也被视作一种能满足所有学生需求的有效方法，根据学生个体的准备程度、兴趣和学习概览，来为其提供不同的内容、过程、结果和学习环境。

　　真正的差异化教学必须包含几个主要特征（Tomlinson, 1999）。教师不仅要明白课程内容中的基本概念，也要明白学生的个体差异。只有这样，他们才能在教学中决定采用何种有效的教学方法。为此，教师必须整合教学与评价。评价的结果将左右教师的决定，并帮助他们对内容、过程、结果或学习环境进行调整，以适应学生的准备程度、兴趣及学习概览。一旦进行了上述调整，学生参与活动时便会充满兴趣，并会受到教师和同伴的恰当支持。这样做的目的，是为了让最多的学生得到进步，同时也鼓励个体学生的成功。为了使课堂教学真正实现差异化，教师必须灵活机动、积极主动地作出必要的教学决策。

　　差异化教学不是一种单一的教学策略，它包含了许多基于研究的理论和实践。差异化教学的一个要素是，教师必须在了解学生准备程度的基础上，为他们提供略高于他们能力水平的教学。这样做的目的是为了让学生接受恰如其分的挑战，并促进他们的学习。维果茨基（1978）将之定义为"最近发展区"（the Zone of Proximal Development）。最近，越来越多的研究证实了这一说法的合理性（Fleer, 1992; Jacobs, 2001）。

　　刚开始进行差异化教学时，教师无法兼顾各个方面。因此最好按计划有步骤地进行差异化教学，做到既对学生有好处，也便于教师管理。我们建议教师要么从某个区域（内容、过程或结果）开始，要么先对某个单元进行差异化教学，然后推及其他单元。在对差异化教学进行的讨论中，我们还将分析课前评估、弹性分组、主动实践与反馈、分层教学、抛锚式活动以及"有声思维"（think-alouds）等方法。

课前评估

　　教授某项内容之前，要通过课前评估来了解学生对这方面知识的了解及掌握程度。在进行差异化教学时，我们鼓励教师从一开始就运用这种评估方法。具体而言，教师要经常性地对课前评估数据进行分析，从而确定弹性分组人员，弄清楚学生的能力和需求。通过课前评估，教师还可以在教学过程中了解学生的进步状况。课前评估常用的方法有教师组织的前测、KWL 统计图、演示、讨论、举手、观察及成绩清单等。

弹性分组

测试或教学之后，如果需要复习、重新教学、练习或强化，则可进行弹性分组。所分的小组必须是临时的，且能让所有层次的学生接受合适的指导。可以采取异质分组，也可以采取同质分组，具体视学生的准备程度、兴趣、阅读水平、能力水平、背景知识以及交往水平来定。异质小组适合开展批判性思维活动、开放性讨论以及动手实验；同质小组则适合进行操练、数学计算、考试复习以及对记忆性问题的回答（Jones, Pierce, & Hunter, 1989）。

实践与反馈

实践与反馈是弹性分组的结果，并且往往非常有效。早期阅读改善中心（2001）指出，小组教学的成效要超过个别教学和全组教学，因为儿童经常会从对同伴的倾听以及教师的反馈中获益。在小组中，学生参与的可能性更大，并会产生更多的交互活动，学习也更加投入。一旦开始合作学习，他们便进入更高层次的认知学习过程，其学习成效也就更为显著。总之，力量的整合可以提升效益，要想小组教学有效，教师就必须通过明确的指导来组织学生进行活动。

分层教学

"分层教学"是差异化教学的具体策略，即在教学概念时满足群体内不同学生的学习需求（Tomlinson, 2001）。在这种框架下，运用计划来实施教学将变得非常容易，同时，学生也可以按照其最近发展区来进行学习。分层教学最好是在学前评估显示班上存在着不同学习层次时便开始实施。在分层教学时，教师可以根据学生的学习概览、准备程度及兴趣为不同的学生布置作业、讲授课程以及应用不同的教学策略。分层时，可以根据难度、复杂度、学习资源、结果、过程或效果进行相应的调整（Heacox，2002）。分层教学能使每个孩子都获得恰到好处的挑战，并将注意力集中在基本的概念学习上。

设计分层教学的第一步，是分析概念或标准，同时对学生在该方面的学习概览、准备程度和兴趣作出评价。基于这些评价信息，教师选择一个围绕标准中关键概念的活动或项目，并为不同的教学小组搭建脚手架。当教师调整活动，使之产生不同层次的难度和思维复杂度时，分层教学便产生了。

最初设计分层教学时，教师需对标准进行仔细研究，并确定所有学生在本课或本单元授课后需要了解的内容。这样做能保证教学活动围绕那些孩子们必须理解的核心概念开展。接着，教师要明确在教学更高一级组别时需要用到的额外的信息或高层次的思维，换言之，即"我想要我的大多数学生学到什么？"最后，教师为那些已经掌握或者可能已经超出标准的少数几位同学设计活动，当然，这些活动也要取决于思维的复杂度或知识的拓展程度。为了有效地进行差异化教学，教师设计的教学必须超越最低限度，能同时惠及"多数"和"少数"学生，从而使不同层次的学生都能得到适当挑战。表 2.1 是一个可用于分层教学的设计量规，可为普通教育中的分层教学提供一种结构。

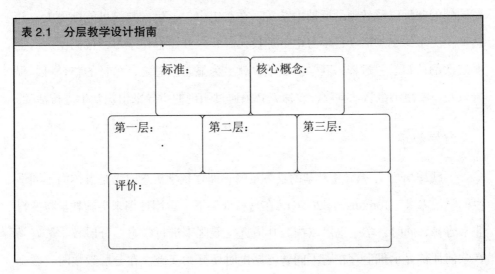

表 2.1　分层教学设计指南

标准：　　　　核心概念：

第一层：　　　第二层：　　　第三层：

评价：

分层活动的设计：结构性分层作业的六种方法
·挑战（布鲁姆分类）；
·复杂性（从入门到抽象）；
·资源（阅读水平，术语类别）；
·结果（同种资源带来的不同结果）；
·过程（导致同种结果的不同学习方式）；
·成效（多元智能）。

抛锚式活动

由于学生完成作业的时间不同，故抛锚式活动（Tomlinson，1999）在差异化教学中必不可少。抛锚式活动可以指导学生从一个活动进入到另一个活动，中间不浪费任何时间。这使得教师能够专门对付那些需要更多直接指导的个别学生或小组。它能有效迫使学生投入到与内容相关的学习材料中去。静穆式阅读、日志记录、词汇训练、每日一道数学题、学习中心、拼写练习、科学小知识以及每周网站，都是抛锚式活动的具体实例。为了最充分地利用抛锚式活动，教师必须对学生的行为与表现有明确的规定。其过程评价手段有成绩清单、轶事记录、学生会议、学习日志、量规以及同伴评价等（Tomlinson，1999）。

有声思维

"有声思维"是针对那些处理信息有困难的学生而采取的差异化教学策略，它使得学生的缄默知识得以外显（Smith & Wedman，1988）。在这一策略中，解决问题或学习概念的思维过程被大声地表达出来。有声思维是一种显性教学的形式，教师据此建立认知和元认知模型，使得优秀的阅读者通过这一模型建构意义、关注理解。学生必须按照先在班级、再在两人小组内、最后独立进行的顺序，来训练有声思维这一学习方式。在整个过程中，学生必须关注自己的理解并进行自我纠错（Davey，1983）。

为了能有效使用有声思维策略，教师必须选择一个篇章，并以学生的视角进行预读，将难以理解的地方或者生词记录下来，以便对思维过程进行合理建模。当教师将这一段落大声朗读出来的时候，学生跟着默读，倾听并领会意义的建构过程。教师在处理难点时，要利用预测、描摹想象的画面、将先验知识与新增信息进行连接类推、表达困惑（关注理解），以及展示修补策略等方式。很重要的一点是，教师要给学生提供操练机会，使之能实际运用所观察到的方式。

以下是一则"有声思维"的运用实例，在这一实例中，教师所阅读的篇章如下：

当孩子们打开大门，进去参加萨拉的生日聚会时，他们个个激动万分。他们简直不敢相信自己的眼睛！气球、彩带、碎花纸、礼物和甜点，这一切，把整个院子打扮成一个生日的仙境！鸟儿和蟋蟀好像也在唱着《生日快乐》歌。不一会儿，孩子们发现这个聚会还真不一般，因为每个孩子都拿到了礼物！他们是来参加一个朋友的生日聚会的，可他们的朋友萨拉，却为他们准备了一份惊喜。

以下是教师的有声思维活动：

· 我猜萨拉的这些朋友们会备自得到一份生日蛋糕，他们收到的礼物会比圣诞节早晨收到的还要多。
· 我能看到气球、彩带、碎花纸、礼物和甜点。
· 我仿佛听到了鸟儿和蟋蟀在唱《生日快乐》歌。
· 我去过很多生日聚会，所以我能理解过生日时的兴奋。
· 我真的不明白为什么萨拉要给她的朋友们一个惊喜。我要读下去，看看她葫芦里到底卖的是什么药。

图形组织者

图形组织者也是一种有效的差异化教学策略，它通过概念"大图"的呈现来帮助学生建立知识间的联系，从而提高他们在课堂中的学习成效。当教师以具体形式讲授抽象知识时，图形组织者策略尤其有用。常用的图形组织者有网络或概念地图、序链、流程图以及维恩图（Venn diagrams）等。在教学之前，图形组织者可以激活学生的先验知识并形成新知识的概念框架；在教学之中，图形组织者可用于处理信息；在教学之后，图形组织者则可用以总结、详述、组织、建构及评价学习。要注意的是，在学生能独立使用图形组织者策略之前，一定要对新的图形组织者进行建模并给予学生指导性训练（Jones et al., 1989）。

现在，我们来看一个实例。在这个实例中，教师将多种差异化教学策略运用于课堂教学实践之中。

查普曼女士要教授一个有关公民的单元。她首先做了一个以"门外卖票"为形式的简单课前测试：在一张纸上写上学生的姓名及以下问题——什么是公民？什么是移民？你家的历史与这两者有什么关系吗？根据学生的回答，查普曼女士将全班同学按照能力水平分成几个小组，并针对上述基本概念进行教学。为此，她按照学生的理解水平和他们对直接指导的需求，将活动进行分层，分别分配给三个能力小组。第一小组需要的援助最多，因此，教师直接明确地讲述了移民与公民的区别。这些同学使用图形组织者策略，说明移民美国的理由以及成为美国公民的好处。第二小组研究和展示了一些著名的公民和移民的生活，并通过日常讨论、量规和清单等形式，从教师那里获得一般性的帮助。第三小组进行了以学生为指向的活动，他们追溯家庭渊源，并展示了公民和移民是如何对家庭史产生影响的。在此期间，教师只提供给这一组同学一个量规并稍作检查，以确保他们的方向不发生偏差。在项目实施过程中，学生一旦完成了任务或需要帮助，教师便利用抛锚式活动保证他们的投入。查普曼女士为本单元的学习设置了多种抛锚式活动，如每日学习日志，学生可以借此概括当天所学的重要知识，这些日志也包括关于本组学习有效性的同伴评价。教室里还备有各类有关公民和移民的书籍。对于那些无法独立阅读这些文本的学生，查普曼女士不仅将文本进行录音，还记录了有声思维，使之能帮助孩子一小段一小段地理解文本。在阅读书籍时，学生将他们的进程以阅读日志的形式记录下来，同时附上阅读过程中的问题和评点。纵观这一单元的教学，每一位学生都参与到了有效差异化教学之中。

差异化教学对从小学到高中的各个层次的教学都很重要。为了能满足不同学生小组的需求，教师必须不断地评价学生在学习目标方面的进展情况。评价可以帮助教师制定教学决策，从而提高学生的学业成绩。另外，有意识地利用学生的背景知识、兴趣和学习概览，在课堂中进行内容、过程、成效以及学习环境等方面的差异化教学，能使教师满足个体学生的需求。

二级及以上：满足小组及个体学习需求的干预

第二级及第三级的干预主要针对在第一级教学策略下未见进步的学生。此类干预的目的是为了满足学生的具体需求，并应与第一级的策略结合使用，以对综合课程进行强化及补充。同时，干预须按照系统性、结构性的计划来实施，教师要监控学生的进步情况，从而有利于制定教学决策，提高学生的学习水平。

通过研究性干预，学生的表现非常有可能得到提升（Fuchs & Fuchs，2005）。正如前述，为了能在课堂教学中直接提高学生的学业成绩，也为了能为教师提供直接的支持，我们已将我们的讨论限定在研究性教学策略上，而不是研究性课程计划上。这些教学策略需与具有研究效度的课程教学结合使用（无论是核心课程还是补充课程）。以下小结部分列举了教师为满足学生个体需求而进行干预活动时所采取的策略，但它们只是样例而已，并不代表全部策略。

行为管理

本章前文中已经提到，在全校范围内建立一个良好的、积极主动的、连贯一致的纪律体系是很有好处的。然而，一旦这一体系投入使用，我们就得为那些对此缺乏反应的学生寻找更为强化的策略。我们发现，有了强有力的行为管

理作基础，个性化的学习支持就会更有效。当然，教师仍然得像在第一级干
预时那样实施积极主动、连贯一致的策略，但此时需根据学生的个体需求来提
高实施强度。行为监控表、正向行为支持强化方案、言语／视觉线索、社交能
力训练、形象化，以及辅导机制等，都是为了满足个体或小组行为需求而采取
的一般性策略。将学生的行为与基于具体行为评价而采取的策略相结合，这一
点非常关键。一般来说，研究性行为干预都可纳入广义的应用行为分析以及社
会学习理论的范畴。

应用行为分析（ABA）一般在学校里实施。这一理论通过对前提、行为
和结果之间的功能关系的分析，确定问题行为的功能（Alberto & Troutman，
2006）。而功能一旦被确定，就可用其他行为替代原不良行为来完成此功能。

兹以表 2.2 中所列的类比为例。佩顿总是睡过头，以致上学老是迟到。他
的问题或行为（Behavior，B）不是迟到，而是闹钟响的时候没起来。迟到只是
结果（Consequence，C），而佩顿睡回笼觉的前提（Antecedent，A）是他按了
闹钟上的"打盹"按钮，从而导致了醒来晚、最终迟到。对此，能直接影响该
行为的最合适的做法是改变前提（行为之前所发生的事）。为了做到这一点，佩
顿决定把闹钟移到房间的对面，这样，他必须起床后才能按掉闹钟。当然，此
时他已经醒来，脑子已经清醒，可以作好准备去上学而不至于迟到了。

表 2.2　ABC 事件		
前　提	行　为	结　果
按下床边闹钟上的"打盹"按钮	继续睡觉	上学迟到
行动计划：将闹钟从床边移开		
起床，去按掉闹钟	足够清醒，不再睡觉	准时到校

在 ABA 框架下，教师思考的是结果如何与相关行为对应。我们知道，行
为一旦被强化，便会不断地持续下去。比如在下面的案例中，我们就往往很难
看出孩子是如何走向结果的：一个孩子在课堂内高声叫喊，引起其他同学发笑，
于是教师便让他在学校停课（ISS）。在这个事件中，孩子的不良行为通过两种

方式得以强化：第一，他引起了同伴的关注；第二，他被允许回避手头的任务。为了打破这种循环，教师必须分析孩子对于关注的需求和对于任务的逃避。也许孩子真的需要引起别人的关注，但他不懂得该怎样用合适的方式来获得关注。这就要求教师能"抓住"孩子的正确行为，并为他提供所需要的关注。也许这个孩子需要更多的交往技能方面的训练。至于任务回避这一行为，教师必须分析，到底是孩子能够做而不肯做，还是他干脆就没有完成任务的能力。孩子想要回避任务的原因不同，对他所进行的干预也应该不一样。如果孩子完成不了任务，教师就要从学理上来看待他的行为；如果孩子有这种能力但不肯做，那么教师就需要从行为上去处理这一问题了。比如他可以运用已经建立起来的行为管理系统来约束这个孩子。要做到这一点，很可能需要强化正确的行为。研究证明，能够卓有成效地改变学生行为的，正是这种对前提、结果和行为的系统性评价与处理。

相比应用行为分析，社会学习理论强调的是通过建模、模仿和观察向他人进行学习的重要性（Bandura，1977）。这一理论认为，不是所有的学习都能用直接强化来取得效果，恰恰相反，人们在学习时会通过观察他人，并用角色扮演的方式来对预期行为进行建模。许多孩子都知道该怎么做，但他们却不能够（或者没有被要求）身体力行地去做到。

在学校里，建模和角色扮演一直都是教会孩子正确行为的良方。我们不妨观察以下这个案例。李老师经常重申课堂的纪律和流程，但他注意到有一部分学生并没有遵守他认为最重要的规则：尊重他人和自己。他花了不少时间谈论这种不尊重他人的行为，并要求学生在他面前重复这一条规则。表面看来，学生已经懂这条规则的意思了。他甚至还画了一张 T 形图表，在左边一栏中要学生讨论尊重在行为上的表现，在右边一栏中，则讨论尊重在语言上的表现。这样做，似乎对一部分学生有帮助，但是李老师发现，不尊重他人的行为有时候还是会比较明显地表现出来。因此，他带着这部分学生开始进行角色扮演，并让每个孩子有意识地模仿 T 形图表中的具体行为。在这期间，每位孩子都能改变角色，体会到要真正尊重人，自己该怎么做、怎么说，甚至该怎么想。

　　许多教学策略正是从这些关键理论中发展而来的。罗伯特·马拉扎诺（Robert Marzano，2003）曾对研究性课堂策略做过深入研究。我们尤其要强调在课堂教学中成效显著的两种策略，即自我监控（self-monitoring）策略和认知（cognitive-based）策略。自我监控策略要求学生清楚自己的行为，记录目标行为，并将自己的行为与师生所制定的目标相比较。如果目标达到了，则给学生以奖励。在运用该方法时，一定要与孩子及其家长碰面，将该策略的期待和过程向他们解释清楚。在记录目标行为时，可使用各种表格和清单，也可以利用卡片、图表或移动计数器等简易方法。之后，逐渐减少计分和奖励，直到学生能够不需要通过记录或教师监督而照样保持良好的行为为止。

　　认知策略则主要用于训练交往技能以及问题解决（Marzano，2003）。该策略培养学生应对社交场合的能力。为帮助那些需要提升自我控制能力的学生，教师可按照如下四个明确的步骤对学生进行指导（Marzano，2003，pp.88—89）：

1. 留意你生气、恼火、灰心、不知所措的时刻，并停下你手头上正在做的事。
2. 问问你自己："我还有没有别的方法来对付这种情况？"
3. 想想你每一次选择会产生的结果。
4. 选择一种可能对你自己或他人最能产生积极效果的行动。

　　教师一定要与学生及家长明确讨论本策略的目标和细节。将该策略的每一步说明清楚后，孩子们应当有足够的机会来完成其中的约定内容，并在之后的课堂学习中加以运用。最后一点，在孩子刚开始运用这些步骤时，有必要给他们一点点提醒。

　　此处所涉及的行为策略都是认知策略，因为通过这一策略，学生能对其行为进行积极思考，并解决其中的问题。认知策略当然不仅仅适用于行为管理，也可用于学科学习。关于这一点，我们在下一节中再作论述。

认知策略教学

不少学生因为无法管理自己的学习而痛苦不堪。认知策略教学（CSI）正是为这些学生量身定做的，因为他们可以通过这样的个性化策略来获取知识并提高理解力。具体的学习和记忆的认知策略包括视觉化、朗读、联系、组块、提问、跳读、画线、获取暗示以及记忆等。CSI 关注的不仅仅是这些具体的策略，也关注为实施这些策略而采取的详尽而系统的方法，如提示性描述、教学渐进措施、模仿、口头表演、辅助性操练、独立操练以及场景延伸等必备教学技能。位于林肯市的内布拉斯加州大学（The University of Nebraska）曾汇编过各类认知策略，读者可以通过网站 www.unl.edu/csi 获取相关信息。

在以下一个案例中，哈莉需要依靠教师的认知策略教学来理解和记住信息。教师使用了视觉化策略帮助她拼写不规则单词（即不按照一般拼写规律来拼写的单词）。经过几周的建模和指导性操练，教师开始更多地让哈莉独立操练，并问她怎样才能记住 crown 这个单词中的 ow 组合。教师知道，这对她来说有点困难，因为全班同学也才刚刚学习了与 ow 发音相同的单词，但拼写并不一样，比如说 bound。哈莉想了一会儿，说："这个简单。我能在女王的头上看到一顶 W 形状的皇冠（crown）。"哈莉通过对 W 形状进行视觉化处理，提示自己 ow 这个组合的音与 w 有关，而不是与 u 有关。在那周的拼写测验中，当阅读到 crown 这个单词时，哈莉停顿了下，对着脑袋做了个手势提醒自己，接着把这个单词正确地写了出来。之后，在没有教师提醒的前提下，她说她已经记住了 door 这个单词中 oo 的发音，因为她把这两个字母看作是门上的两个球形把手。教师发现，哈莉已经成功地掌握了视觉化这个方法，现在，她正独立地走向新的阶段。教师将哈莉的进步告诉了她的父母，于是，在做家庭作业时，她的父母亲也开始运用类似的认知策略对她进行指导。

策略教学模式

30多年来，堪萨斯州大学学习研究中心（2008）一直深入中学，致力于研究各类针对不同学生不同需求的策略。结合多种用于内容科目教学的基于研究的策略，他们提出了策略教学模式（SIM）。该模式是通过对重点内容、可教内容以及教学方法的关注，来提升教师课堂教学和学生学习的有效性（堪萨斯州大学学习研究中心，2008）。

在典型的策略教学模式中，学习小组由6～12名学生组成。在该模式下，一种策略可在3～4周（每天一小时）内被了解并掌握。每一种策略都有八级教学法，教师必须仔细运用，以保证学生能掌握该策略。该模式运用两种干预：以教师为中心的干预和以学生为中心的干预。

以教师为中心的干预主要解决教师如何呈现教学内容的问题。具体而言，在组织和呈现内容时，教师应采取内容强化手段（Content Enhancement Routine）这一明确的教学方法。内容强化手段系统而形象，能帮助学习者理解、巩固重要的内容目标。其中又包括针对计划性与引导性学习、文本探究、主题与细节、概念教学以及效能提高等方面而采取的教学方法。

以学生为中心的干预则解决具体的学习技能与方法。这些方法由普通教育及特殊教育的教师在不同场合下开发与研究而成。其中，学习策略课程解决学生在阅读、信息的储存与记忆、信息表达、能力展示、交际互动、动机以及数理等方面的需求。

显然，策略教学模式系统而明确，满足了不同环境下学生的各种需求。每一种策略都能显著提高学生的学业成绩。这种模式的优势在于它具有系统性，并且支持每一种基于研究的干预方法；而其不足，则是该模式很难被人掌握。为了能够运用策略教学模式，教师必须接受国际培训网络机构专门人员的强化训练。这种训练一般需要整整一年，经过训练，教师能通过具体策略的运用及问题解决，掌握个性化教学策略。虽然这种模式需要时间的投入以及专业培训的资源，但我们觉得，就学习的总量、效率以及巩固性而言，这种付出还是物有所值的。

数学

CRA 策略

许多学生在数学学习上举步维艰，这往往是因为他们被要求通过抽象的形式来学习概念。数学的教学，当然要以理解为基础，但这种理解必须通过具体情境下的学习来实现。CRA 正是一种用来促进学生学习和记忆数学的三步教学法，它阐明了用这种方式进行教学的具体步骤。

CRA 的三个步骤互相依赖，运用 CRA 能建立起一种概念结构，从而形成知识的意义关联。CRA 策略的第一个阶段，即实例（C）阶段，是一个"做"的阶段。在这一阶段，教师用加工材料建模（资源中心，2004）。这些材料包括彩色圆片、立方体、十进位积木、六形六色积木，以及分数积木，等等。在使用这些材料时，必须考虑到儿童的视觉、触觉及动感经验。阶段二，即描述（R）阶段，是一个"看"的阶段。在这一阶段，具体的模型被改成了图片展示（资源中心，2004），教师可用手绘图片或贴纸来对概念进行解释。最后一个阶段，即抽象（A）阶段，是一个抽象的"符号"阶段（资源中心，2004），在这一阶段，教师使用数字、字母等数学符号（如:2，6，3x，+，- 等）来进行教学。运用 CRA 的前提是学生在学习"规则"前必须学会概念。使用过加工材料的学生，其思维更加明确，更容易理解该方式，同时其学习动机、专注行为、理解力以及对这些概念的运用能力也会得到较大改善（Harrison & Harrison，1986）。CRA 策略可以有效地帮助学生理解以下几个概念：早期数量关系、位值、计算、分数、小数、测量、几何、货币、百分数、数基、应用题、概率以及统计等（资源中心，2004）。表 2.3 描述了从实例（使用圆片）到描述（使用数轴）再到抽象（使用数字）的递进过程。

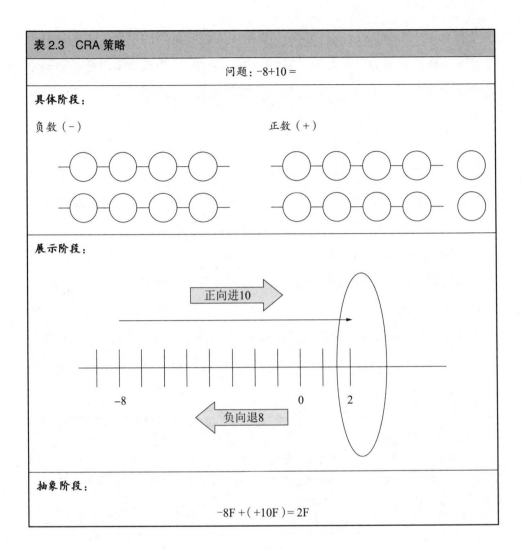

表 2.3　CRA 策略

问题：−8+10 =

具体阶段：

负数（−）

正数（+）

展示阶段：

正向进10

−8　　　　　0　2

负向退8

抽象阶段：

$−8F +（+10F）= 2F$

图式教学策略

解题是一种重要的技能，但也常常使学习者备感困扰。这类题目是知识、技能和策略在新问题中的应用。在《学校数学的原则与标准》（*Principles and Standards for School Mathematics*）（2000）中，全美数学教师协会将解题作为中心主题。

图式教学策略主要用于提高中小学生的应用题解题能力（Jitendra，2002；Miller，1998）。在选择解题方法前，先把应用题进行归类，这对于绩差生来说尤其有用（Jitendra et al., 2007）。根据图式教学策略的概念，大多数加法题及减法题都可分为三种类型：变化，并加，比较。图式教学策略的第一步是确定问题类型，之后，将问题从文字转化为有意义的图形展示（Jitendra, 2002）。

显性建模、指导性练习及反馈在实施该教学策略过程中是必不可少的。除此之外，在学生学习过程中，教师还应确定书写规范，从而为教学搭建脚手架。学生首先要得到教师的直接指导，获得脚手架，并于初次确定情境后进行练习，然后在教师明确的指导下解答问题。只有完成上述步骤，他们才能独立采用图式教学策略进行学习（Jitendra，2002）。表 2.4 到 2.6 以图表的形式描述了加减法图式问题的类型。其中所举的例子都适用于小学生常见的基本计算技能学习。关于加法和减法的其他问题类型，可参阅由蒙太格和基藤德拉（M. Montague & A.K. Jitendra，2006）合编的《中学学习障碍生的数学教学》（*Teaching Mathematics to Middle School Students with Learning Difficulties*）一书。

表 2.4　变化问题
第一种题目类型叫作"变化"问题，即起始量与最终量之间有一个变量，如下例： 哈莉有 12 只瓢虫（起始量），接着有 3 只瓢虫飞走了（变量）。请问哈莉现在还有几只瓢虫（最终量）？

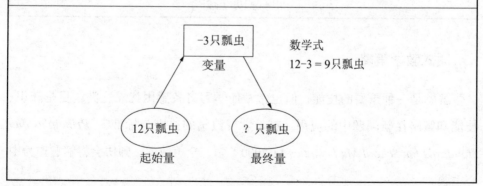

资料来源：Jitendra, A.（2002）. *Teaching students math problem-solving through graphic representation. TEACHING Exceptional Children*, 34（4），34—38。

表2.5　并加问题

第二种题目类型叫作"并加"问题。这种题目并不考虑目标总量的变化，而是思考部分与整体之间的关系，即部分之和等于整体（Jitendra, 2002）。如以下应用题：

韦斯利在生日那天收到了6张购物卡。他在游戏商店中用掉了2张。请问他还剩下几张购物卡？

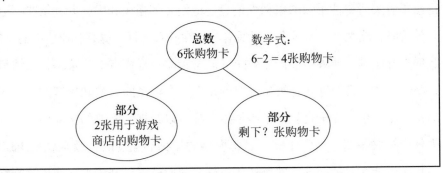

资料来源：Jitendra, A.（2002）. *Teaching students math problem-solving through graphic representation. TEACHING Exceptional Children*, 34（4），34—38。

表2.6　比较问题

第三种题目类型叫作"比较"问题。在这类题目中，两组数据的计算单位相同。学生主要用大于或者小于语句来判断这两组数据（Jitendra, 2002）。如下例：

佩顿在足球赛季中进了16个球（参照量），安娜比佩顿少进了8个球（差量），请问安娜在赛季中踢进了几个球（比较量）？

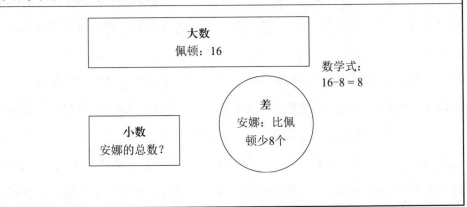

资料来源：Jitendra, A.（2002）. *Teaching students math problem-solving through graphic representation. TEACHING Exceptional Children*, 34（4），34—38。

用于信息分析的一般内容策略

在《有效课堂教学》（*Classroom Instruction that Works*）一书中，马拉扎诺及其同事（Marzano, R.J., Marzano, J.S., & Pickering，2001）在广泛研究的基础上，得出了有关研究性干预的概括性信息。他们尤其强调其中的九种策略。运用这几种策略，能大大增加所有年段所有学生在所有学科上提高学业成绩的可能性。我们选择了其中两种最能产生效果的教学策略：异同点对比策略，总结和笔记策略。具体而言，这两种策略针对的是在文本信息的获取和理解方面存在困难的初高中学生。无论是教师还是学生，都可以根据所需要的援助层次，选取其中任何一种策略。当学生需要教师明确的援助和关注时，教师就采用该策略；一旦学生能在教师指导下熟练运用策略，他们就可以开始独立使用该策略，从而使得学习和思考更具创造性。不过，此时教师仍应继续对学生进行指导和监控。在这两种策略中，图形组织者对于学生的理解和想象是非常有帮助的。关于这两种策略的具体教学实施，可参考 Marzano et al., 2001。

异同点对比策略

马拉扎诺等人（2001, pp. 13—28）坚持认为，对异同点的确认可能是整个学习的"核心"所在，因为通过这种方式，学生的理解力和知识运用能力都能得以提高。事实上，凡是需要学生解释概念的教学内容，都可以采用异同点对比策略。作为一个基本认知过程（Gentner & Markman, 1994），异同点对比策略是将概念知识分解为相似特征与相异特征，并使得概念的学习简单化，从而提高学生的理解力与解决复杂问题的能力。作为教师，必须通过讨论、提问的方式，明白无误地将异同点教给学生；而学生则在教师的指导下（而后又以独立的方式）习得异同点对比方法，并最终提高自身的理解力和知识运用能力。异同点对比方法包括比较、分类、作比喻以及建立类推等，学生应通过这些方法对概念间的异同点进行分析。

比较。有效的比较，必须能够找出关键的特征，从而帮助学生理解所比较项目之间的异同点。我们不妨设想下如下情节：学生被要求对美国西部和东北部两个地区进行比较，并将居住在这两个地区的居民作为其基本特征，其他重要的特征还包括这些地区的气候和地形。在使用异同点对比策略时，教师必须提供一个比较任务，包括正在比较的要素以及将要比较的特征等。当学生将这些项目与指定特征进行异同点比较之后，教师需对其作出评价。在比较过程中，常用到两种图形组织者：维恩图和比较矩阵（comparison matrix）。图 2.1 就是一张比较图形组织者的实例。

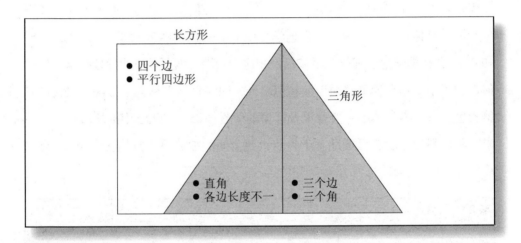

图 2.1 比较图形组织者（可代替维恩图）

　　分类。分类是将各要素根据其相似之处进行分门别类。在现实生活中，譬如在杂货店，分类是比较常见的。有些学生需要更为结构化的任务，此时教师可在其中规定各要素及其分类。表 2.7 是一则分类表实例。

表 2.7 　分类表实例		
食草动物（食用植物）	**杂食动物**（食用植物及肉类）	**食肉动物**（食用肉类）
绵　羊	鸡	狼
马	人　类	印度豹
野　兔	猩　猩	蜻　蜓
蜗　牛		鹰

　　作比喻。比喻是借助某事物达到对另一事物的理解或体验（Lakoff & Johnson，1980）。譬如苏格拉底就曾用过以下比喻："教育不是灌输，而是点燃火焰。"（"Education is the kindling of a flame, not the filling of a vessel."）在这一比喻中，他描述了教育与点燃火焰（而不是灌输容器）的相似之处。在平常的谈话中，教师常常用到比喻，如"我的教室是个动物园！"在这里，两个在本质上并不相同的事物（教室和动物园）隐含着某种类似之处。比喻能使人印象深刻，并能与其背景知识相联系；可以使语言生动具体，知识清晰明了；有利于表达观点，理清思路（Weaver，1967）。教师在使用比喻时，要遵循从已知到未知、从具体到抽象的规律，根据学生的先验知识和经验构建形象（Johnson，1987），并根据学生的理解水平来提供相应的帮助。教师可以明确地指导学生如何辨别两个事物在抽象层面上的相似之处，而一旦学生掌握了方法，他就可以给学生提供比喻的第一个要素以及必要的背景知识，并让学生推断出第二个要素。利用图形组织者可帮助学生将两个要素间的抽象模式具体化。表 2.8 对比喻进行了一些解释。

表2.8　比喻		
生　活 （要素 1）	**是**	**老　师** （要素 2）
字面含义：表示一种存在的身体、心理以及精神体验。	抽象关系：生活经验能够一路教育我们。	字面含义：教育学生。

　　作类比。在不同概念间建立关系的过程叫类比（Marzano et al.，2001）。类比需要在两个互不关联的元素间建立关联，并找出相似之处。具体而言，即学生利用其背景知识探究未知知识。以教师为中心的类比可以是一个完整类比，譬如飞机之于空气类比船之于水（飞机：空气∷船：水）。在这里，教师将一个已知的关系推及一个新引入的元素。教师在进行类比时，也可以将最后一个元素置空，如泥水匠之于石头类比木匠之于_____（泥水匠：石头∷木匠：_____）。而在以学生为中心的类比中，教师只提供前面两个元素，剩下两个元素交由学生去编造，从而检验他们对于教师提供的两个元素间关系的理解，

如水之于液体类比_____之于_____（水∶液体∷_____∶_____）。通过学生的类比，教师可以检测出学生对于知识的理解程度。

总结策略

作总结和做笔记是学生能掌握的两种最有用的学习技能（Marzano et al., 2001, pp. 29—48）。无论学习内容如何，做笔记对初高中学生的学习来说都相当重要。学生通过分析内容，找出其中最基本的信息，并用自己能理解的方式重新进行表述，这样做，可以促进他们对知识的理解。由于学生必须学会对信息进行分析，找出核心概念，并辨别冗余信息，因此，他们的综合思维技能会随着总结能力的提高而不断提升（Hidi & Anderson, 1987）。为了对信息进行替换、删除、保留以及对现有信息的基本结构进行理解，学生必须具备对信息进行深层次分析的能力。

在对听读材料进行总结和理解时，应该教会学生识别各种文本结构（Armbruster & Anderson, 1987）。对于具体的学习内容，学生可通过一系列问题，用六种不同的针对文本结构的提问式总结法来关注具体的文本。教师必须告诉学生，一旦有不清楚的地方，一定要提问，并将问题明朗化，然后预测文本之后的内容。以下我们将具体讨论有关总结的各种策略：交互式教学、基于角色的策略、提问式总结以及笔记策略等。这些策略，详见 Marzano et al.（2001）。

交互式教学（Reciprocal Teaching）。交互式教学（Marzano et al., 2001；Oczkus, 2005；Palincsar & Brown, 1984；Promising Practices Network, 2005）是一种针对任何主题范围内知识性阅读的师生对话，其具体目标是使得文本的各个部分具有意义，是教师深度解读信息的最有效的总结策略之一（Rosenshine & Meister, 1994）。最初设计交互式教学，是为了指导阅读能力较弱者运用阅读能力较强者的阅读策略来提高自身的阅读理解水平。就实践和反馈而言，这一策略适合于由 3 ~ 4 名学生组成的小组。在策略运用过程中，学生利用其先验知识、经历以及文本信息进行预测、澄清、提问和总结，从而与文本进行交互，建构意义。

· 预测是一种有根据的推测。对接下来要发生的事进行猜测，可使得继续阅读和获取信息具有目的性。学生在进行有效预测时，要利用他们所掌握的信息和从标题、副标题及提问中获取的信息。

· 澄清是对概念和词汇的解释与说明，它能使学生将注意力集中于文本。由于这一步往往会导致学生重新阅读材料、提前阅读或者提出疑问，故在阅读中需综合使用。

· 提问阶段提出的问题，都能在文本中找到答案。学生首先必须明确哪些东西值得提问，然后再根据这些问题来检验自己的理解。

· 总结只要求学生用自己的语言将信息表述出来。学生必须从文本中找出重要信息，并用自己的语言对其进行解释、综合。这一步一般来说是在预测、澄清和提问之后完成。另外，对文本的总结可以在组内进行，也可以单独进行。

学生刚开始学习使用交互式教学策略时，教师要为其提供针对大多数策略的建模和帮助，从而让他们逐渐对此得心应手，直至几乎不再需要教师的帮助。表 2.9 是一则交互式教学的实例。

表 2.9　交互式教学实例
· 使用以下四种策略中的任意几种：预测、提问、澄清、总结。 · 将下列教学方法与交互式教学相结合： 　◇ 有声思维； 　◇ 合作学习； 　◇ 脚手架式教学（建模、指导性练习、反馈）； 　◇ 元认知教学。 · 阅读前： 　◇ 激活先验知识； 　◇ 策略的分析：预测、提问、澄清、总结； 　◇ 根据文中的线索进行预测； 　◇ 确定阅读目标（弄懂生词及其他可能的问题）。

·阅读中：

　　◇ 教师指导学生进行预测、提问、澄清和总结；

　　◇ 弄懂词语或含义；

　　◇ 对部分文本进行提问；

　　◇ 预测所要发生的事；

　　◇ 对文本进行总结。

·阅读后：

　　◇ 对之前所作的预测进行讨论；

　　◇ 对已使用的策略进行分析；

　　◇ 弄懂词语或含义；

　　◇ 相互提问（更高层次的问题）。

·对阅读材料进行总结。

资料来源：Oczkus, L. D.（2005）. *Reciprocal teaching strategies at work: Improving reading comprehension, grades 2—6*。

基于角色的策略（"Rule-Based" Strategy）（Marzano et al., 2001）。基于角色的策略为学生提供一套进行总结时所必需的规则或步骤（Brown, Campione, & Day, 1981）。简单地把这些规则张贴出来是无法教会学生如何进行总结的。因此，教师有必要通过诸如模仿或有声思维等方式，将这些规则明白无误地展示出来。这些规则包括（Marzano et al., 2001, p.32）：

·删去不必弄懂的无关材料。

·删去多余的材料。

·用上义词替换具体事物（如用"花"替换雏菊、郁金香和玫瑰等）。

·选择一个中心句，若文中没有，则创造一句。

提问式总结（Summary Frames）（Marzano et al., 2001）。提问式总结由一系列教师向学生提出来的、基于所学文本类型的问题组成。该策略能帮助学生辨明文本结构。当学生或独立，或以小组形式，或以两两协作方式完成提问式总结之后，他们就能真正开始运用那些于学习有重要作用的有效总结策略了。一旦将该策略中的所有问题回答完毕，学生就可以利用相关信息撰写总结内容了。马拉扎诺等人（2001）特别列举了该策略的六种类型：

· 叙事形式；

· 主题限制论述形式；

· 定义形式；

· 论证形式；

· 问题 / 解答形式；

· 对话形式。

表 2.10 是一则叙事提问式总结的实例。

表 2.10　以叙事形式总结问题
主人公是谁？他们与别人的区别何在？
故事是何时何地发生的？故事发生的背景是怎样的？
是什么推动了故事情节的发展？
故事中的人物怎样表达他们的情感？
主人公作出了怎样的决定？他们有没有定下目标？如果有，目标是什么？
主人公是怎样完成他们的目标的？
结果如何？

资料来源：Marzano et al., 2001, p. 35。

笔记策略

做笔记和作总结是两种互相关联的技能，它们都要求学生确定哪些内容是最重要的。马拉扎诺等人（2001）从比彻（Beecher）的研究（1988）中总结出做笔记策略的四个要点：第一，逐字逐句地记录是一种最无效的做笔记方法（Bretzing & Kulhary, 1979）。这种方式的重心在于对每一个词语的记录，而不是对信息的分析或综合。第二，做笔记应该是一个持续的过程。学生在重读、复习和补充笔记内容时，不仅需要有时间的安排，也需要有教师的帮助。第三，复习考试时，笔记应成为一种学习指导材料。马拉扎诺等人（2001）认为，利用设计优良的笔记去复习考试或准备其他终结性测试，效果相当好。最后，在做笔记时，未必是越简练越好。研究表明，学生的成绩与他所记的笔记多少有着密切的关系（Marzano et al., 2001; Nye, Crooks, Powlie, & Tripp, 1984）。

在本章最后，我们将讨论在课堂内做笔记的具体做法。由于教师所准备的笔记模板既有系统性（其中包括教师认为重要的内容），又有精确性（其中包括如何安排笔记结构的方法）（Marzano et al., 2001），因此在设计时，要考虑到语言和非语言两种形式，并包含思维导图、概要和提纲等内容（Nye et al., 1984）。其中任何一点，都对不同的学习风格有着显而易见的好处。非正式提纲使用缩进格式来表明内容的重要性，而网状图则用一个大圆圈来表示，同时用线条将圆圈联结起来以表示其中的关系。网状图的缺点是能够记录下来的信息量有限。若要各取所长，则可以将这两种笔记形式结合使用。其中左栏用于记录非正式提纲，右栏用于绘制网状图，底部则用来记录总结内容（Marzano et al., 2001）。这种方法，结合了有效笔记策略的各个主要特征。

作总结和做笔记对增进学生的理解非常重要。学生在学习作总结和记录重要信息时，教师要给他们以明确的指导，不断给他们提供帮助，并在他们能更加独立、更加有效地使用该策略时鼓励他们坚持下去。表 2.11 是一则笔记指导的实例。

表 2.11　混合型笔记指南	
提纲：	网状图：
总结：	

资料来源: Marzano, R., Pickering, D., & Pollock, J.（2001）. *Classroom instruction that works: Research-based strategies for increasing student achievement.* Alexandria, VA: McREL。

与父母同在

父母必须了解在各个阶段运用于孩子身上的具体策略。在讨论这些策略时，他们可以积极参与，且至少要被告知选用了哪些策略。除此之外，他们也必须了解这些策略的实施进展情况。学校在召开干预会议时，要充分顾及家庭所用到的策略和材料。在实施具体策略时，一定要考虑到父母的专长和能力。如果父母在某些具体方法上无法帮助学生，就要考虑借助电脑软件或清单来协助他们。许多基于研究的策略，如马拉扎诺等人（2001）所提出的那些，完全可以在几乎不需要教师指导的前提下在家中实施。

小　结

为了保证教学质量，教师比以前更有必要实施研究性教学策略。RTI 正是通过要求二级及以上的教学具有研究基础，来提升这些策略的实施效果。本章所讨论的各种策略，已在多个年级、多个内容区域内被证明对学生产生了积极的影响。我们觉得，这些策略的实施，最好以团队的形式进行，这样，单个人就不会遭遇学生各式各样的需求了。何况，对这些策略的研究、实施和有效性评价，也的确需要团队来操作。最后，如果能创造一种积极的、广受支持的环境，并且在这一环境中，孩子们的优点得到承认，需求得到解决，那么，这些策略的实施将会变得卓有成效。要记住，若要实施此处提供的二级和三级干预，就一定要制订出一份良好的 RTI 计划。

我们发现，许多教师和管理者每天疲于应付教育上的一些问题，而很少有时间通过研究去整理头绪。幸运的是，目前已有许多资源，可以指导学校制定基于研究的策略。本书中的 "资料 A"，就是教师、学校在运用研究性教学策略满足学生需求时可以参考的指导性材料。

第三章
针对不同学习者进行指导性干预的基本框架 ①

凯瑟琳·科利尔

在过去几个世纪中，教学的最大错误是：假定全体儿童是没有差异的同一个体，而以同一方式教授同一学科般地对待全体儿童。

——霍华德·加德纳（见 Siegel & Shaughnessy, 1994）

对于在文化和语言方面存在差异（CLD）的学生来说，他们同将英语视为外语进行学习的学生一样，在学校里遭遇着重重困难；而教他们的老师们，同样也是殚精竭虑。学生必须克服文化休克（culture shock），获得基本的英语交际能力，掌握各门课程所必需的学科语言，处理好家庭角色的转换问题以及在主流文化中的语言使用问题，同时还得为在社会环境中的身份认同而忧心忡忡，因为这样的环境往往不适合他们这种"异类"。对教师而言，他们的难处则在于如何设法保证 CLD 学生能取得较好的学业成绩，因为这些学生的教育背景、家庭环境以及所使用的语言，在许多时候，都与教师的迥然相异。大多数教师，无论是在经历上，还是在师资培训上，都对此毫无准备，无法应对在公立学校中所出现的这些差异性。虽然在对 CLD 学生进行有效教学的理念上，我们已经取得了相当大的进步，但对于如何将研究付诸实践，却依然没有头绪。对于具有学习和行为障碍的英语学习者（ELL）而言，这一点尤其如此。而随

---

① 选自凯瑟琳·科利尔所著的《为不同学习者准备的 200 多个学习干预》（*RTI for Diverse Learners: More Than 200 Instructional Interventions*），科文出版社，2010 年。

着 RTI 模式在美国大多数学区的推广，这个问题被越加放大。

在 2004 年重新修订的 IDEA 中，RTI 被列入其中，并作为一种可选方法来对具有特殊学习障碍的学生进行鉴别。虽然对 RTI 的执行并非强制性的，但各州还是被授权去选择一种相比原先的差异及清单筛查法更为有效的方法来对特殊学习和行为障碍进行鉴别（Bradley，Danielson，& Doolittle，2005）。正是有了这一立法，许多州都已迅速开始执行某种形式的 RTI 了。

什么是 RTI?

RTI 是用于问题解决的教学干预过程中的一种最新范式。就目前在大多数校区的实施情况来看，RTI 不仅仅关注学习障碍，也关注如何解决发生在课堂教学中的各种学习和行为问题。RTI 常被认为是一种多级方法，并为处于困境中的学生提供服务。尽管本德和肖尔（2007）引证该模式的研究可追溯至 1960 年代，但对大多数教师和家长来说，RTI 依然是一个崭新的模式。约翰逊、梅拉德、福斯和麦克奈特（E.Johnson，Mellard，Fuchs，& McKnight，2006）则将 RTI 定义为一种基于学生的评价模式，并运用问题解决法和研究性方法来对儿童的学习障碍进行鉴别与解决。教师为这些具有障碍同时也具有挑战性的学生提供越来越密集的指导和干预，同时在各个干预阶段监控学生的进步状况，并利用测试结果来确定这些学生是需要在普通教育中增加附加指导或干预，还是需要转到特殊教育中去。

虽然很少有教育专家对 RTI 的基本概念及其背后的理论进行质疑，但还是有人担心，按照目前实施的情况，RTI 会对障碍生和具有不同语言需求的学生造成不公平（Tomsho，2007）。正如汤姆索（Tomsho）所指出的，对 RTI 的推进，是一场持久战中的最新一役，在这场战争中，学校努力以普通教育的形式对残障学生进行最大程度的教育。有些教师甚至认为，如果我们抽走单独的特殊教育资源，要求普通教育的教师在课堂内处理更为艰难的学习挑战问题，那么 RTI 必将成为一种空前的主流模式。

在许多地方，RTI 针对的是具有特殊学习障碍的儿童（SLD）。由于是联邦法律所提出的，故涉及的范围越来越广，包括读写困难以及其他体现在诸如听觉、思维、言语、阅读、写作、拼写和数学计算等方面的障碍。在全美610 万接受特殊教育的学生当中，SLD 学生占据了大约 46%，这一数字比起1970 年代的不到四分之一有所增长。而最终被鉴定并接受 SLD 服务的学生比1977 年增长了 200%，于是业内人士担心这其中是否有误判（Vaughn, Linan-Thompson, & Hickman，2003），譬如假阳性问题，即对智商较高而成绩平平的学生的过度识别，再如假阴性问题，即对智商和成绩均低于平均水平的学生的欠识别（Kavale，2005；Semrud-Clikeman，2005）。至于 RTI 具体需要有怎样的形式，或者各级干预需持续多久，则没有相应的标准。

RTI 的支持者们认为，通过学业成绩和能力之间的差异进行的传统 SLD 鉴别，是一种"因等待而失败"的方法。他们坚持认为，目前许多孩子接受特殊教育只是因为他们当初缺乏指导，如果他们在问题出现之初就得到额外的帮助，则无需为其提供昂贵的特殊教育服务了。

在 RTI 这一模式之下，学生只有在无法适应渐次增强的、密切监控的干预时，才被认为需要接受特殊教育。正如瑞斯利（2005）所指出的那样，就问题的筛查和干预的实施而言，一开始就实施 RTI 比等到问题成型后再实施，显得更人性化，也更加经济有效。不少教师在对具有各种学习和行为问题的 CLD 学生进行教学时，都希望能从预转介的方式转向高密度的问题解决方式，因为后者更能满足学生的不同学习需求。

因而，RTI 一般被视作这样一种模式：它不仅用于解决问题和监控过程，同时也不断地评估孩子对于教学和 / 或者对于研究性的干预所持的反应，并以此为选择教学决策及障碍鉴别方式提供指导。对 CLD 学生或英语能力不足的学生而言，RTI 带给他们的最大好处是它可以作为一种制度，为那些需求未得到满足的学生提供指导服务。2004 年 IDEA 的重新授权，为 RTI 提供了法律基础，保证了全国范围内政府对于残障儿童的教育服务，并协调了州立及公立机构对全国 650

多万残障儿童实施教育服务的办法（美国教育部，n.d.）。IDEA（2004）指出，学校可以"使用一种能确定儿童是否对科学的、研究性的干预产生回应的方法"，来对具有学习和行为问题的儿童进行鉴别（并随之对其进行服务），这些儿童包括 ELL 以及 SLD 学生。RTI 的各个模式都具有相同的几个组成要素。布拉德利等人（2005）及本德和肖尔（2007）指出，这些核心要素包括高质量的课堂教学、普遍的筛查、持续的过程监控、研究性干预，以及教学干预的准确性和完整性。RTI 对障碍生实施层级教学干预，它依靠强有力的核心课程以及干预前对学生的指导，并结合问题解决法来确定对学生的干预方法，要求对学生进行定期监控，能预测处于障碍边缘的学生并对所有具有学习和行为障碍的学生实施干预。

不同的干预反应模式所提供的干预层级数各不相同，不管这些模式被视为一种问题解决法，即模式本身就是其目的，还是被视为一种标准协议（预转介），即对障碍作出正式鉴定。有些时候，模式本身也可被用作一种障碍鉴定方式（Fuchs, Mock, Morgan, & Young, 2003）。

在 RTI 及其他问题解决模式的运用中，目前另一个变化是该模式已经不仅仅包括对 RTII 的过程监控，也包括对 RTI 的过程监控。这两种模式（RTI 和 RTII）正越来越受到欢迎，因为单独运用 RTI 具有很大的限制性，对于 CLD 学习者越来越多的地区而言更是如此。

眼下的 RTI 和 RTII 模式主要采用三级或四级干预。一般来说，无论是三级干预还是四级干预，在第一级次的干预中，普通教育的教师会对校内所有的学生提供核心课程的教学指导。在这两种模式中，对学生过程监控的第一步，是检测他们对核心课程基本内容的学习状况，并重点关注那些被认为是处于障碍边缘或者具有 CLD 背景的学生。一般认为，大约 80% 的在校学生会掌握基准课程，而不需要更多的深入援助（Philip Chinn，个人信件，2004 年 8 月）。在某些模式中，第一级次的干预也包括具有语言支持的差异化教学，尤其是那些实施双语以及双语双向转型模式的学校。在其他模式中，第二级次的干预也为那些饱受文化休克之苦的学生提供针对学习和行为的具体指导，尤其是提供针对语言转化以及行为适应的支持（堪萨斯州和宾夕法尼亚州便有该模式的变化形式）。在所有多级次模式中，第二级次通常被认为是一个关键阶段。由于在第一级次的教学和干预中，通过过程监控识别出了新的需求，故在第二级次要开始集中式的小组援助。在这一级次，处于困扰中的学生将通过小组抽离式或推进式情境教学等形式，得到阅读专家、ESL 教师或其他内容区域的援助。在大多数具有双语转换或双语计划的学校里，英语读写能力的发展（ELD）并不被认为是一种特殊干预，而是第一级次基本核心课程的一个组成部分。随着诸如在语言习得上的非寻常迟滞或未能解决的文化休克以及转化等新问题的出现，将学生引入更为集中的二级干预将变得越来越有必要。

图 3.1 是一个三级模式的图例，用于说明三级 RTI 或 RTII 的基本模式，图中标出了被认为适合接受该级次服务的学生比例。大多数州立计划中都有诸如此类的基本模式，不过，在具体运用过程中，还是存在着很大的差异性。

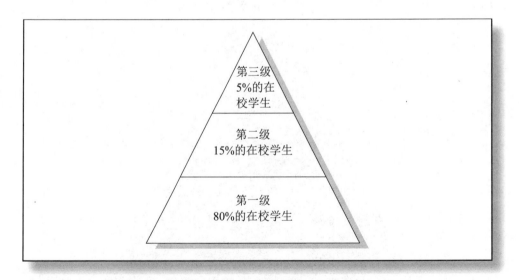

图 3.1　三级模式图例

资料来源：（National Association of State Directors of Special Education，2005）。

在其他项目中，每一级次里面还包含有更多的层或级，不过通常情况下还是以三级或四级为主。无论是三级还是四级模式，如果学生对小组式的、集中式的以及个性化的干预无法产生回应，他们就会被转到特殊教育。特殊教育的教师可以帮助在第一级次和第二级次接受指导和干预的学生实施干预，并/或对他们进行测试。也许教师要等到学生进入第三或第四级次时才为他们提供指导，而此时学生可能已被认定应接受特殊教育了。在四级模式中，第四级次一般被认为是最具个性化也是强度最大的教学及干预级次，在这一级次，教师通常要为学生提供个性化的教育计划（IEP）以及其他特殊教育或相关服务。

图3.2是一个四级模式的样例，是针对CLD学生而实施的四级RTII问题解决模式。金字塔左方朝上的箭头表示，随着各级次内学生接受的服务不同，

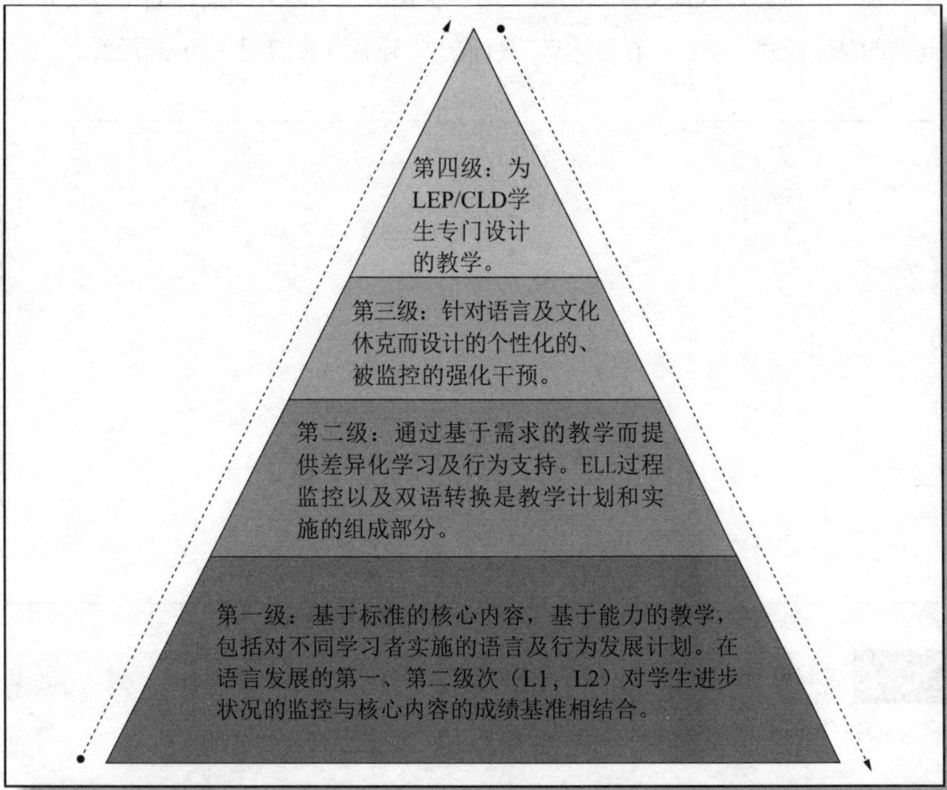

第四级：为LEP/CLD学生专门设计的教学。

第三级：针对语言及文化休克而设计的个性化的、被监控的强化干预。

第二级：通过基于需求的教学而提供差异化学习及行为支持。ELL过程监控以及双语转换是教学计划和实施的组成部分。

第一级：基于标准的核心内容，基于能力的教学，包括对不同学习者实施的语言及行为发展计划。在语言发展的第一、第二级次（L1，L2）对学生进步状况的监控与核心内容的成绩基准相结合。

图 3.2　四级模式图例

他们所接受的干预及指导的强度也逐步增大；金字塔右方朝下的箭头则表示，随着强度的增大，每一级次的学生数目却在减少。在某些校区，学生会不断地进入高一级次，直到他们的需求得到满足，然后才重新退回到低一级次，以巩固该级次已解决的问题。不是所有的学生都能完全回到第一级次，但在整个求学期间，他们都需要在第二级次经历某种形式上的变化。

有些提倡问题解决法的人，对使用三角形来说明学生对教学及干预指导的重复性反应不以为然，他们认为，这似乎表明其中的运动是单向的。他们更倾向于用一个圆圈来反映出学生的反应及干预的过程是连续不断的，图 3.3 表示的正是这种连续问题解决模式。

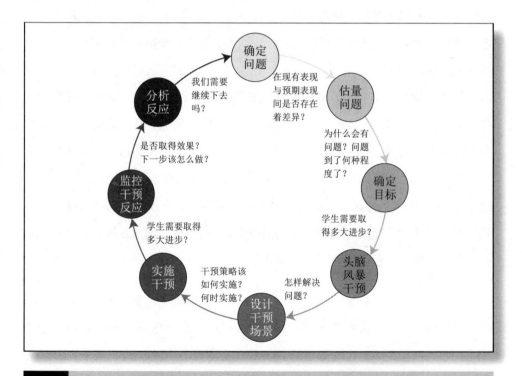

图 3.3　连续问题解决模式图例

三角形模式（图 3.1 和图 3.2）与圆圈模式（图 3.3）的区别在于：在运用这些模式时，对上述不同的学习者所关注的重点不一样（也就是说，标准治疗法模式 的思路，或者针对学习或行为问题的预设解决步骤，不同于旨在解决连续系列问题的问题解决模式，其中后者是一个没有终结的循环体）。在对待CLD 学生时，教师无论用哪种模式，都会在某些方面存在着一定的困难。

通常情况下，标准治疗法 RTI 模式中，班级各成员均接受一系列的指导和干预，直到他们达到对预设活动反应的目标基准为止，同时，教师还往往为所要达到的反应设定一个时间表。这些做法常常由事先实施的预转介拓展而来。教师会给每位学生配以专门的练习册、阅读套件、清单或其他指导材料，以帮助他们按照预设的干预数量和类型来实施。设计这些材料和过程，是为了解决某些特定领域内的特殊学习障碍。听说教师把这个称作"盒子里的 RTI"，因为他们一旦遵循了一套他们并不认为适合于 CLD 学习者的固定做法，便往往会举步维艰。而本书所提供的这些策略，正是为了让教师能"跳出盒子"，从预先设定的 RTI 干预的固有模式中脱身出来，并为其提供一些拓展的、研究性的 RTI和 RTII 的可选做法。

笔者也偶尔听教师说起过，将圆圈式的连续问题解决模式应用于具有学习和行为问题的 CLD 学生身上时，结果并不那么令人满意。从一方面讲，问题解决可能处在"盒子之外"，它关注的是诸如语言转换以及行为适应等各种实际问题。不过，教师对于解决那些似乎循环不止的问题有些头疼，他们说，他们的ELL/CLD 学生总有着层出不穷的学习和行为问题，从来没有跳出过问题解决的循环圈。基于此，笔者还是建议将动态的问题解决模式融入分级次的 RTII 中，而不要将之视为一种静态的三角形模式。

· 关于针对 ELL/CLD 学生的问题解决模式，笔者建议设想出一个由许多特定的策略块组成的指导及干预金字塔，这个金字塔是一个 RTII 的三维结构，其本身没有固定的层级数。构成金字塔的每一个块代表着一组特定的策略或方法，这些策略或方法基于个体的 ELL/CLD 学生的能力，或者是为了满足他们的需求，而每一级（层）则代表着关注强度的等级。随着各种教学策略和方法被运用于每个学生，它们完成了对金字塔某一层级的填充。图 3.4 显示的正是这种弹性金字塔的完整形式以及干预策

略的模型：针对不同学习者的弹性、教学、策略、干预及监控金字塔
（PRISIM）（C. Collier, 2009）。

· PRISIM 的主要元素是组成组块的各种策略。本书中，笔者推荐了一系列
基于研究的策略，这些策略对于实施当前的 RTI/RTII 十分必要。随着学
习者新问题的产生，笔者建议教师随时更新他们的策略及干预手段，从
而不断补充新的方法。

· 金字塔是否结实，取决于它的根基，因此，信息的收集、教师的准备、
课程以及系统的支持越是充分完备，学校对于 ELL/CLD（包括那些具有
特殊需求的）学生实施的教学计划也会越有力、越有效。一旦有了人员、
系统、课程及完备的信息，基础就会变得扎实，从而能在此基础上建立
可靠的学习组块。每一个组块代表着一组策略、核心内容及场景，并根
据学习者能力和需求的不同而有所差异。

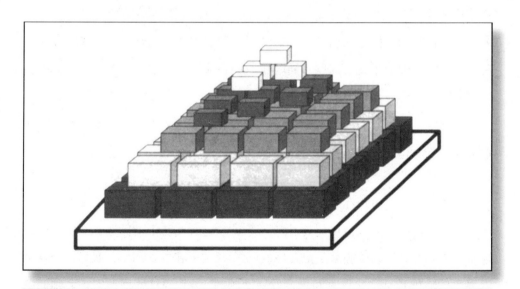

图 3.4　PRISIM

教师可以最终使用所有这些策略，但要根据不同学生的需求和问题进行相
应的变更。在 RTII 模式下的 PRISIM 中，第一级的教学策略比较全面，适合于
大组学习，其目的是为了使学习更具弹性并提高全体学生的学习意愿。当教师

发现某些学生需要更多的差异化教学并在学习和行为中表现出一些无法解决的问题时，他们可以将教学重点转向对特定的 ELL/CLD 学生进行小组干预。在 PRISIM 的第二级次中，教师可采用能对 ELL/CLD 学生见效的多种方法。不过，对某些更为棘手的 ELL/CLD 学生来说，他们可能需要更多的个别指导。另外，还有一些学生可能需要从其他教育人士那里获得援助。此时，学生可转向强度更大的问题解决阶段，不管这一阶段被称作 RTI/RTII 中的第三级次还是连续问题解决模式中的个体运用阶段。问题解决或者层级干预到了这些更加结构化的阶段时，对学生的监控将更为严密，对他们的个体干预也将更为密集。

在整个 RTI 或 RTII 实施过程中，解决特定的文化及语言问题固然相当重要，但解决特定的学习和行为问题一样不可忽视，因为后者往往是教师的一块心病。在学校相关人员正式开始评价和布置特殊教育服务之前，他们必须作出判断，目前出现的问题并非主要由语言及文化因素引起，不是因为学生的英语水平或者文化休克的程度才导致了此类问题。对 ELL/CLD 学生的服务，当然包含了语言及文化问题，但是根据 IDEA（2004），我们需要作出判断：这些因素到底在多大程度上促成了现有问题？同时我们也必须明白，这些因素毕竟不是最重要的决定性因素。

选择合适的问题进行提问

上述情况常常体现在教师提出的下列问题中："他都上学两年了，成绩还是这么差，难道这不表示他可能具有障碍吗？""这种交流上的问题，到底是由语言差异引起的，还是干脆就是语言障碍问题？""她在本地出生，我们是否就可以因此排除她具有文化休克和语言发展问题？"虽然提这些问题时，老师们的用意很好，也充满了对学生的关切，不过，倘若这些问题关乎我们需要什么样的信息、到底该怎样使用这些信息，也许会更加富有成效。

我们需要什么样的信息?

所要搜集的信息必须能解答一些特定的问题,这些问题对于区分障碍差异(SDD)十分关键。

- 教育:该学生以前是否上过学?其教育经历是否存在着断层?该生受教育的强度是否足够?

- 家庭语言:在该生家里,除了英语,还使用别的语言吗?除了英语,该生还会说别的什么语言?该生是否仍然有着与其家人进行交流的能力?

- 语言能力:该生的语言能力和读写水平如何?对于其家庭语言,他是否能以正常的速度来学习?

- 英语:该生在学习英语时需要帮助吗?他是否在以正常的速度习得英语?

- 成绩:该生在学业成绩上的水平和进展情况如何?这种水平,对于你所在地区或学校的大部分学生而言,是否属于正常范围?对于特定群体的学生而言呢?

- 行为:该生在情绪上的稳定性,是否与其生长发育和文化发展相对应?他的表现有没有受到家庭环境或个人情况的影响?

- 适应性:该生的文化适应性如何?是否面临着文化休克?能不能正常适应学校生活?

我们该怎样利用信息?

有关学生的信息,若没有教学的意义,或者无法指向有利于学生的一系列行动,就会显得毫无价值。

- 教育:学生在先前的学校的经历(无论该学校是在美国还是在别的国家),能对转换教学模式起到很好的促进作用。因此,一旦知道学生曾在别处接受过教育,学校的老师就可以集中精力让他们从一种学科语言背景转换到英语学科语言中来（V. P. Collier & Thomas, 2007）。倘若学生从未接受过正式教育，则教师应在学生转向英语前，让他首先理解什么是学校文化和规章制度，告诉他相应的准则，并传授他一些基本的交往语言。

SDD 的关注：如果学生难以适应学校的准则，并在学习学校交际语言时始终无法摆脱母语的影响，那么他有可能具有学习障碍，需要对其作一番全面的检测。

· 家庭语言：如果学生所在的家庭中，英语很少被使用，或者仅仅是被使用的语言之一，则这样的学生具有被我们指导的独特优势。研究显示，这些学生具有能促进学习的认知和语言能力（Baca & Cervantes, 2003）。除此之外，由于高质量的家庭交流，他们在心理上也具有幸福感（Padilla, Padilla, Morales, Olmedo, & Ramirez, 1979）。

SDD 的关注：如果学生除了英语之外，并未在别的语言上具备发展适宜的能力，这往往是因为家庭的环境有问题，或者是因为存在着尚未被诊断出的障碍性问题。这些问题延缓了学生的英语习得。此时，倘若用母语对其进行严密而细致的干预，则可以看出该生是否具有语言和交流的能力。若在干预条件下，学生的交流能力仍不见改善，则有必要对其进行转介，以作全面的检测。

· 语言及识字：学生在非英语方面的语言背景及能力，能够帮助我们确定最有效的指导交际方式。因此，要尽可能地评价学生在其家庭语言／交际中的能力。由于我们并没有针对每一种语言或交际的标准化测试，因此，我们往往需要一些可供替代的测试手段（Baca & Cervantes, 2003）。这些手段包括有组织的采样、观察、访谈、互动式调查表以及其他分析工具（Hoover, Baca, & Klingner, 2007）。

SDD 的关注：用母语对学生进行标准化测试，他的得分可能也不会高，因为他从来没有接受过语言教学指导，他只是具备了口头表达的能力而已。这样，由于第一语言和英语的得分都很低，这个学生会看起来存在着语言障碍。此时，若对其进行第一语言环境下的干预（包括基础识字准备），我们可以多少了解该学生的能力，并能判断出他的低分到底是由学习问题还是别的问题引起的。如果学生在 RTI 或 RTII 模式下依然成效甚微，则有必要对其进行转介，以作全面的检测。

· 交流：学生在英语方面的能力同他在接受 ESL 教学时的入学水平直接相关。现在，已经有不少工具可以测知学生在学习英语时是否需要帮助（Baca & Cervantes，2003）。在刚开始对那些英语水平有限者（LEP）进行学习指导时，教师应该选择快捷、无偏差的工具，并将注意力集中在对学生的听说能力的培养上。像识字筛选（literacy screening）一类的工具，只对那些先前接受过英语教学的学生有教学意义。

SDD 的关注：有些学生由于英语说得较多，不具备接受 ELL/LEP 服务的资格，但他们掌握的课堂用语非常有限，以至于看起来和学障生没什么差别。因此，对 ELL/LEP 服务中的英语筛选必须包括对认知及学科语言能力的筛选，而不仅仅是对社会语言能力的筛选。在英语方面所进行的系统性干预包括基本音素意识、语音、词汇、流畅度、理解以及其他读写准备，这些干预主要基于两种目的：(1) 了解 ELL/LEP 学生的能力情况；(2) 确定低分是由学习问题还是其他问题引起的。如果学生在 RTI 或 RTII 模式下依然成效甚微，则有必要对其进行转介，以作全面的检测。除此之外，如果孩子具有障碍，并作为一名 ELL/LEP 学生在接受特殊教育，则 IEP 还必须同时列出 ELL/LEP 的举措，这既可以是双语援助的形式，也可以是置于特殊教育背景之下的特殊英语援助形式（Freeman & Freeman，2007），还可以是有着与英语习得相关的特定目标的其他合适的监控干预。在许多情况下，障碍的产生会严重影响学生的英语习得，故特殊教育以及 ELL/LEP 的教师必须通力协作，以取得实实在在的成效。这些得以改进的语言成果，需要列入 IEP 之中。

· 认知：所有的儿童都能学习，但是他们学习的速度和方式不尽相同，他们学习的入口和出口也各有差异。在教育标准化的今天，我们所面临的一个挑战是，有些学生由于不适应某些学校的广度和进度，常常被置于一种另类的教育环境之中，这种环境也许能满足这些孩子的需求，但也许对其很不合适（Baca & Cervantes, 2003）。

SDD 的关注：若学生即使接受了学习援助也无法达到学校的标准，他将因为具有某种学习障碍而被转至特殊教育。有些时候特殊教育甚至是学校唯一可选的教学办法。对那些并无学习障碍的学生而言，将他们置于特殊教育之中是很不合适的，哪怕这是现存的最佳教育环境。因此我们必须重新调整课程，并创造出个性化的教育环境，使得学生能以自己的起点进入，并能在学习中将自身能力发挥至极致。同时也要对他们的基本学习策略进行系统而严密的干预，从而确知低分现象到底是由学习问题还是别的问题引起的。如果学生在 RTI 或 RTII 下依然成效甚微，则有必要对其进行转介，以作全面的检测。

· 行为：家庭和社区活动也是一个起作用的因素，在分析校内外环境及其与学生现有问题之间的关系时，这个因素还十分关键，影响到教学指导的有效性。无论学生的行为问题是因为先天性障碍、生化功能失调，还是因为在学校或家庭中遭受了创伤从而引起了临时性的反应，他们都需要得到及时、有效的干预和援助。

SDD 的关注：虽然为了管理和控制学生的行为，我们需要对其进行援助，但如果他们的行为问题的根源在于文化休克或在于家庭或学校中的长期应激源，则特殊教育并非一种合适的解决办法（C. Collier, Brice, & Oades-Sese, 2007）。我们首先要做的，是在一个善解人意、平安无事的环境中，对他们加强教学干预，从而促使他们提高自我监控能力。倘若在高频率高密度的干预条件下，这一问题仍未见改善，或者学生依然未取得进步，则有必要对其进行转介，以作全面的检测。

· 适应力：在教学环境中，我们还必须处理好文化适应的速度和水平问题，以及伴随其左右的文化休克的程度问题。所有学生都必须适应学校环境，无论他是否说英语；那些来自迥异于学校的家庭或社区的学生，将会遭遇更大程度的文化休克（C. Collier et al., 2007）。

SDD 的关注：表面看来，文化休克有点类似于学习和行为障碍，但如果文化适应以及顺应需求等问题未得到解决，则在日后的教育中会累积成为严重的学习及行为问题。因此，我们需要对学生（尤其是新生）进行密集的教学干预，以减轻他们的文化休克，帮助他们完成顺应和语言过渡。大多数学生会在两周内对干预产生反应。但这种积极反应并不意味着他们的文化休克不会复发，因为文化休克这东西有着周期性的特点，也是我们对陌生环境进行顺应的一个正常组成部分。尽管如此，既然他们对文化适应的援助有着积极的反应，那么教师就理应明白，眼前的问题属于正常的顺应，亦即文化适应过程的必然结果，随着时间的流逝，这一问题最终会因为教学干预而得以解决。学生在入校时，需要检测其文化适应水平，同时，每年需监控其适应速度，以确保他们在校内能取得正常的进步。如果学生的适应速度低于正常水平，这就表明，要么该课程不足以解决他的转换需求，要么他还具有一些未曾诊断出来的障碍，并且这些障碍在拖累其文化适应的速度。

虽然 RTI 和 RTII 往往被认为是学习干预模式，但大多数项目（根据 Berkeley、Bender、Peaster 及 Saunders，2009 的研究，这一比例占 93.3%）会在这两种模式中与行为干预相结合，或者运用类似的多级模式来解决学生的行为需求问题。据伯克利等人分析，在所有这些项目中，只有一个项目未同时运用层级模式和学习干预来解决行为问题。总体来说，既然 RTI 和 RTII 能出色地帮助全体学生，那么我们重点要关注的问题便是：典型的 RTI 和 RTII 项目的设计，虽然针对的是那些母语为英语且具有学习和行为问题的学生，但这些项目同时也有必要适用于 ELL 和 CLD 学生。

提供语境

至此，笔者已将在标准 K-12 学校内的现行做法或理论上的最佳做法进行了一番描述，这些做法包括帮助学生解决各式各样的学习和行为问题。这些问题解决项目能对所有学习者产生效果，如果用在 ELL/CLD 学生身上，则能使他们取得具体的改进。带有过程监控的项目，因为包含了直接针对 ELL/CLD 学生独特的学习和行为问题的教学策略以及教学干预，对这些学生而言，尤其具有帮助性（Baca & Cervantes, 2003；C. Collier, 2009）。由于本书的目的在于对 ELL/CLD 学生的教学干预提供实用性建议，因而笔者将根据自身的教学经验为读者提供案例。在为每一种 RTI/RTII 教学或干预层级推荐干预之前，笔者都会展示具体的案例。当然，推荐这些干预，并非要代替其他已被研究证明对 ELL/CLD 学生产生效果的内容干预，而是要将它们同那些基于研究的、常用于具有学习和行为问题学生身上的学习策略和干预结合起来使用。这些教学和干预策略并不玄乎，它们都需要付出额外的努力，并且关键在于教师自身。有些老师对这些策略非常熟悉，但可能从未想过去运用。这些策略不仅对那些与不同能力水平的非 ELL/CLD 学生混在同一教室里进行学习的 ELL/CLD 学生来说特别有用，对那些在 ELL 及抽离式特殊教育环境下的学生来说，也会使他们获益匪浅。

表 3.1　对 ELL/CLD 学生而言，RTI/RTII 意味着什么，不意味着什么？

RTI/RTII 意味着什么？	RTI/RTII 不意味着什么？
支持普通教育学校对不同学习者进行的改进目标。	主张单独进行特殊教育。
旨在帮助尽可能多的 CLD 学生不通过特殊教育而达到能力标准。	让更多的 ELL/CLD 学生进入特殊教育的一种方法。
将普通教育和特殊教育相结合的一种方法，通过大大延长对 CLD 学生的服务，使之获益。	增加或减少特殊教育人数的一种方法。
关注有效教学指导，从而促进 CLD 学生的成长。	主要关注如何对 CLD 学生进行学习障碍鉴别，并以成绩来证明。

在成为特殊教育教师之前，笔者曾当过小学老师，并教授那些从未上过学也从不说英语的孩子。这些学生被分到笔者所带的班上，一直待到他们被测知

能与同级同学在同一个教室里一起上课为止。就这样，笔者将不同年龄、不同能力、不同语言熟练程度的学生安排在同一个教室里，并用学校根据核心课程确定的范围和进度来教授所有这些孩子。

这么多年来，有着学习和行为问题的特殊学生陆陆续续地走出了笔者的教室，而笔者也将用这些学生的故事，来对教学干预方法作一番解释和说明。

第四章
使用过程监控数据 ①

苏珊·霍尔

　　三年级的学生如果想要在阅读方面达到流畅，首先必须解决他们在音素意识和语音方面的问题。对那些需要指导的孩子来说，RTI 为他们提供了额外的帮助。

——三年级教师

过　程监控虽然是 RTI 最重要的一部分，但却不像基准筛查那样受到重视。过程监控指的是根据至少某一项在基准筛查期所提供的指标而进行的数据收集，但所用形式有所不同，因此学生无法对测试中的提示和段落有深刻记忆。问题是，教师通常认为，在花了大量精力完成基准测试并启动最初的干预小组之后，他们已经再没有多余的时间和精力去收集和使用过程监控数据了。

过程监控数据的重要性

　　为何过程监控如此重要？可以说过程监控是 RTI 的核心。过程监控所收集的数据可以用于教学过程中的策略调整，能让校长、RTI 协作者和教师认识到

---

① 选自苏珊·霍尔所著的《校长 RTI 实施指导手册》（*Implementing Response to Intervention: A Principal's Guide*），科文出版，2008 年。

什么样的教学方式是有效的，什么是需要改进的。这些数据还可以显示出学生对于干预的反馈情况，它们不但能显示教学方法对个别学生是否有效，还能检测出整个年级分层教学的有效性。

收集和使用过程监控数据也是 RTI 最重要的组成部分之一，然而当教师抱怨工作量太大时，它也是最先被校长忽略掉的工作。在 10 月、11 月、12 月收集的过程监控数据可以用来激励教师继续延长他们的干预时间。

> 过程监控是 RTI 的核心。过程监控所收集的数据可以用于教学过程中的策略调整。

当教师开始抱怨他们要花很多时间来组织对干预小组的教学从而使得工作量过大时，过程监控的测评就很容易被放弃，因为教师会觉得 1 月份完成基准测试后，就会有数据可循。在幼儿园和一年级，如果教师能将干预小组管理好，选择有利于培养每组学生所缺技能的材

> 过程监控是证明 RTI 可以取得效果所必不可缺的方式，然而当教师抱怨工作量太大时，它也是最先被校长忽略掉的工作。

料和方法，加上不间断地进行干预教学，过程监控数据就能很好地体现出学生在 11 月份前所取得的进步。可以说，过程监控是证明 RTI 可以取得效果所必不可缺的方式。

过程监控可以降低频率，但绝不可放弃。例如，如果教师在前几个月就已经觉得工作量过大，过程监控可以从原先的两周一次减少为每月一次。我们不建议在 RTI 实施的第一年就实行每周过程监控，那样很容易会使老师抱怨在评价上花费了太多的时间。在实施 RTI 的初期，教师对如何使用数据的理解还是不够的，因此第一年的数据还是少一些为妙。

一旦成立干预小组并对之进行教学，RTI 协作者就可以专注于过程监控数据的收集并有计划地使用这些数据。大多数校长会在年初制订测评日历，从而使所有老师都明白什么时候该完成过程监控测评。

过程监控选择何种指标

过程监控没有必要选择在基准测试期收集上来的所有指标，而只需选择一两个检测干预小组重点培养技能的指标，并且监控的指标仅限于当前。例如，倘若一组一年级的学生在年中的 DIBELS 中既没有达到"无意义词汇流畅度"（NWF）标准，也没有达到"口语阅读流畅度"（ORF）标准，而教学的重点是字母读音规则中对辅—元—辅（CVC）字母组合的正确使用，那么 NWF 标准会显得比 ORF 标准更具有目的性。一年级的 ORF 检测不仅包括具有 CVC 结构的词汇，也包括那些不符合读音规则的常见词，以及长元音、不发音 e 结构的词汇等。虽然每 4 ～ 6 周进行一次 ORF 考试很有必要，但是对于那些已经掌握了 CVC 技巧、准备学习其他字母组合的学生来说，在过程监控时使用 NWF 标准进行检测应该更为恰当。

在幼儿园和一年级，DIBELS 检测的是诸如音素意识［起始音辨别（ISF）和音素辨别（PSF）］以及字母读音规则（NWF）这样的阅读次技能。这些技能的使用范围非常有限，而教学之后的测试能敏锐地捕捉到学生一丝一毫的进步。所以说，DIBELS 对幼儿园和一年级的过程监控非常有用。

有时候过程监控也可以用其他测试手段，而不必用 DIBELS，你可以选择使用基于课程的测试（CBM）手段，特别是针对更高年级的学生。当面对二年级及以上的干预组的学生时，由于他们的阅读能力远低于其所在年级水平，因此，当他们阅读不准确时，使用该年段的 ORF 标准来对他们进行过程监控，是无法得到太多信息的。若学生正在接受语音和词汇的学习技能干预，那么过程监控选择非正式语音筛选获得的数据会比用 ORF 检测更有用。用不同形式的语音筛选进行过程监控，能显示出何时可将学生移至下一组进行语音教学。教师可以阶段性地使用 ORF 进行过程监控，但频率可以降低，直到学生掌握其所在年级要求掌握的字母组合为止。

假如学生能读准一个段落中 95% 的词，但仍由于流利程度而未达到基准，这些学生是无需进行语音和词汇学习方面的干预的，他们更需要的，是在段落阅读方面增加教师引导下的练习和自主练习。对需要接受流畅度干预的学生来说，想要了解他们的进步程度，就有必要使用 CBM 口语阅读段落来对他们进行过程监控。

绘制进步图

绘制过程监控数据图是使用数据的重要方式之一。学生开始接受干预之后，教师就应该准备好一张图表，并在学生的最初数据点和期望表现值之间画一条目标线。这条线显示出学生达到基准时所需实现的提升率。该提升率表明当年的教学目标是尽可能减少差距，并努力达到基准，而不是因为取得某些进步而沾沾自喜。

过程监控图中的目标线可以让教师将学生实际取得的进步和期望值进行对比。教师每次施行过程监控测评，就在图表上增加一个数据点。当至少收集到三个过程监控数据点之后，教师就可以将实际数据和目标线进行比较了。如果数据点在目标线以下，则表明学生的进步不足。这种对比非常关键，能帮助教师判断出学生是否取得了足够的进步。

过程监控数据图对于校长来说也很重要。首先，它可以帮助校长判断目前所使用的教学模式是否适合于该年级的教学。关于这一点，可以在召开年段会议时进行评估，由各位老师提供过程监控数据，并将数据分为两类，一类是在目标线以上的学生，另一类是在目标线以下的学生。如果某个年段的大多数学生在接受干预后仍然没有取得应有的进步，那就说明教学在整体上存在着需要解决的问题，应先将个别教师和学生的困难搁置在一边。

如果该年段的学生普遍没有取得充分的进步，那么就需要调整干预的某些方面。如果干预小组只是一周开三次会议，那就不妨在接下来的六周中每周开五次会，然后重新进行检测，或许每天的干预时间也要从 20 分钟增加到 30 分钟。如果因为阅读教师需要对全组学生进行教学从而导致该组干预时间受到限制，那么校长就应该通知年级组，为了让学生取得更大的进步，各班教师也需要与干预小组进行沟通。试着让阅读专家每天同成绩最差的那些学生进行交流，也试着让各班教师同学习能力不那么落后的学生进行交流。倘若通过一系列的教学之后，学生的进步依然不明显，那么就要寻找其他问题因素了，比如说干预小组的规模是否偏大，干预教学的重点是否不够突出，课程设置是否不够贴近学生的需求，等等。

利用过程监控数据进行教学决策

将学生从二级干预转移到三级干预

一些专家认为，教师应当定期召开数据分析会议，讨论学生的进步状况，并决定学生在各个层级之间的流动。德州大学语言艺术和阅读中心出版的《三级阅读模式》（*The 3-Tier Readly Model*）一书建议学生在第二层级一次性学习 10 ～ 12 周，在该层级的第一轮学习结束之后，教师对过程监控的数据进行分析，然后决定学生到底该接受新一轮的第二层级干预教学还是直接转移到第三层级。

笔者的建议如下：

· 让大多数学生从第二层级开始学习，看效果如何。

· 让一小部分学生直接进入第三层级学习，只要有足够的过程监控数据证明，他们只能通过第三层级的密集型干预才能取得进步。

· 让一名学生长时间留在第二层级，从而使得对他的教学产生效果。

· 让一名在对第二层级的学习作了各种调整的情况下仍然不能取得明显进

步的学生转移到第三层级进行学习。

· 在与目标线进行对比时，要收集至少三个数据点。

· 如果学生的成绩极不稳定，则提高过程监控的频率。

· 对于何时调整学生所在的层级，需保持灵活性。

· 层级的递增应视为干预强度的逐级增加，而非两个截然不同的层次。

若干预小组是在秋季成立的，千万不要因为第一周有部分学生需要立刻更换学习小组而大惊小怪。有些时候，测试数据并不能准确评估出某些学生的能力水平，这是因为总有一部分学生会不适应考试，也有一部分学生会在考试中出现"瞎猫碰到死耗子"的情况。

第一轮变动结束之后，学习小组可在 6 ～ 9 周时间内保持不变。假如过程监控的频率是每三周一次，那么到了第九周，就能形成初始的基准及三个过程监控的数据点。如果干预小组

> 对于在学习上进步微弱的学生，最好在短期内就对其增加教学强度。

在 9 月份的第三周开始开会，那么第六周的会议将在万圣节前后，而第九周的会议则在感恩节前后。许多学校会在这两个节日之间检测学生的进步状况，之后在 1 月份的基准测试后再次进行检测。对于在学习上进步微弱的学生，最好在短期内就对其增加教学强度。

如何对待进步不足的学生

如果学生在第二层级中的第一轮学习进步不明显，可以尝试马上让其进入第三层级。不过在这之前，可以先试试其他办法，毕竟第三层级的干预比较费力，应到最后才去选择。

如果学生在第二层级中的学习进步不够，教师可以尝试一些不同的教学方法。首先可以增加教学时间。每周对学生进行过程监控，持续三周，然后再观察过程监控图。如果增加教学时间能促使学生进步，则继续采用这种办法，否

则，尝试用以下方式来增加教学强度。

· 立即减少小组成员，以提高学生对干预的回应次数。

· 立即增加课堂的提问和纠错次数。

· 将教学任务分解，并提供更多的句型结构，让学生更易于完成。

· 在学生独立练习之前，多用"我"或"我们"举例引导。

· 增加对每种技能重复训练的次数，看学生能否掌握，然后再进行下一步练习。

· 提高课程教学的规范性和系统性。教师的提问和提示，都应当使用相同的、规范的语言，使学生更容易听懂。

若经过以上调整之后，学生还是不能取得进步，那么应该试着让其进入第三层级进行学习。

制定学生退出干预小组的标准

一旦接受干预的学生在基准考试中达标，就应该让其退出第二层级或第三层级的学习，并确保他们仅仅通过第一层级的学习，而不需要干预小组额外的帮助，就能维持现有水平。

一旦接受干预的学生在基准考试中达标，就应该让其退出第二层级或第三层级的学习，并确保他们仅仅通过第一层级的学习，而不需要干预小组额外的帮助，就能维持现有水平。许多学校都制定了退出标准，比如说当一定数量的过程干预检测数据达到或超过基准时，学生就应退出小组学习。爱荷华州的中心小组建议必须有四个监控数据点在基准之上，而我们建议只要连续三个数据点达到或超过基准即可。

让达标的学生退出干预小组，可以使教师有更多的时间和精力对付那些在干预过程中尚未取得明显进步的学生。有些人将这些学生称为"干预钉子户"，不过这种称谓听起来好像是学生不肯合作，所以笔者更喜欢将他们称为"进步不足生"。这里的关键词是"进步不足"，虽然大多数学生在密集的干预教学下总会有些起色，但教师仍然要关注每个学生，使他们都能取得充分的进步。所谓"充分"，指的是学生在过程监控数据图上进步程度达到或超过目标线。假如学生进步程度不够，那么教师就必须想方设法让其取得充分的进步。记住，教师应努力让大于95%的K-3学生达到其所在年级的阅读水准。校长虽然不断强调95%的达标率，但他们也明白，必须有三年的时间才能

> 这里的关键词是"进步不足"，虽然大多数学生在密集的干预教学下总会有些起色，但教师仍然要关注每个学生，使他们都能取得充分的进步。所谓"充分"，指的是学生在过程监控数据图上进步程度达到或超过目标线。

让二年级或三年级的学生达到该标准。在许多学校，超过90%的幼儿园和一年级的学生在RTI实行的前两年内达标，幼儿园中有95%的学生在第一年就已达标也不稀奇。二年级和三年级的进步取决于在幼儿园和一年级时就已达标的程度，所以说，在二、三年级阅读技能尚未达标的学生已经越来越少了。

如果学校在秋季基准考试后完全实施干预教学，并持续整整一年，学生的进步一定会很快。至少三分之一的进入秋季第二层级学习的学生可以在冬季测试前退出干预小组，还有三分之一的学生会在第二年春假前退出。只有不超过三分之一的学生会在春假后继续留在干预小组。一般来说，这些小组的规模都不大，并且对他们的教学时间都较长。

有时候教师会发现让学生退出干预小组对自己来说很难。因为他们认为这些学生还需要努力，并且担心这些学生如果退出干预小组，他们的成绩又会下滑到从前的水平。但无论教师有多么的不愿意，一旦学生达到了基准考核的标准，就必须立刻让他们退出干预小组，并对其进行跟踪观察，确保他们没有干预小组的帮助，成绩也不会倒退。如果有学生一直留在干预小组，而教师也不去判断他能否在没有干预的情况下保持进步，那么该生会直接过渡到下一年段的干预学习，而无法从监控过渡中受益。

假如教师能在学生退出干预小组后至少一个月之内持续监控学生的进步情况，并继续观察他们的成绩，那么让学生退出干预小组就会容易得多。一旦学生出现成绩倒退的情况，教师可以立刻把他们放回干预小组；如果学生退出后，

还能继续保持进步，那么教师就可以认为该生只需核心教学就足够了。由于学校每年有三次针对全体学生的筛选考试，因此教师可以确保学生在两次筛选之间的受干预时间不会超过四个月。

在会议中使用过程监控数据

> 许多时候，实施 RTI 的学校都会沉浸在数据的海洋里，但是教师对于数据的意义往往没有一个全局观。

许多时候，实施 RTI 的学校都会沉浸在数据的海洋里，但是教师对于数据的意义往往没有一个全局观。每当校长对 RTI 进行探讨或者寻求其专业发展时，他们总是说自己的学校已经实施了 1 ～ 5 年的 CBM 测试，但是数据还是没有被教师合理地用于改进课堂，并认为教师需要学习如何使用数据并设计干预活动。通常情况下，在与这些校长对话的前十分钟，笔者都会问这样一个问题："你们学校有多少学生达到了 K-3 的基准？"多数校长对这个问题茫然不知。事实上，校长必须能够说出有关这类问题的数据（譬如，"大约 60% 的幼儿园学生在年末的 DIBELS 检测中达到了基准"）。

即便有些学校已经实施了好几年的 RTI，并且在数据分析方面取得了不俗的成绩，能为个别学生制定教学决策，他们也一样缺少大局观念。最近笔者参加了一次幼儿园阶段的会议，在会上，小组成员通过对数据的分析，认为 78% 的幼儿园学生在 2 月初即已达到了基准。但当被问及这些数据与去年同期相比时如何，却无人能道出个所以然。教师对数据要有全局的观念，这对于目标的设定非常重要，然而阅读教师却不知如何回答这个问题，居然还要上网去查阅。其实，制作一个简单的表格（如表 4.1），教师就能做到对年度目标了然于胸了。

月 份 年 份　达标百分比	2 月	5 月
去　年	66%	89%
今　年	78%	预期目标

表 4.1　学生达标百分比

根据以上数据，将今年的目标设为 95% 比较合理。

准备会议数据

在教师会议上进行讨论之前，有必要准备好历史数据及当前数据以供参考。RTI 协作者或辅导教师应该有一个数据记录本，并将最新的数据记录本复制一份给校长。该数据本应包含当年和之前几年的关键数据。这些数据不但有利于建立一个合理的目标，还能避免传播错误信息。

最近，在一次一年级组的教师会议上，一位教师提出了这样的疑问：为什么他所在的年级组需要实施 RTI？他认为他的年级组根本不需要干预小组，因为超过 95% 的一年级学生已经在之前 5 月份的 DIBELS 中达到了基准。由于会议中没有一位教师有数据在手，他的同事们也开始赞同他的质疑——为什么要承担额外的工作量。

此次会议之后，我们调查了该年级段的数据，发现那位一年级教师的数据是错误的。事实上，只有 72% 的学生达到了 ORF 测试的基准，在 NWF 测试中也只有 58% 的学生达标。这样的错误信息如果在会议上没有被及时发现和纠正，将会影响到其他教师的观点和看法。

校长需要准备好两种数据：

1. 目前每个年级段学生的达标率。
2. 与上年同期相比，今年所取得的进步。

　　这些信息，不但对于制定今年的合理目标非常重要，同时也有利于教师确定需要集中精力去解决哪些方面的问题。例如，如果幼儿园学生今年能够达到预期目标，那么就可以考虑让干预教师去帮助那些一年级的落后生。如果在二年级时达到基准的学生比例下降了，那么校长就应该在这个问题上多花时间。校长应当和 RTI 协作者商量，自己应该重点关注哪个年级段的会议。

　　数据还能反映出某个年级段在一年当中的教学重点究竟应该放在哪里。如果数据显示几乎所有的幼儿园学生都能在 ISF 考核中达标，那么干预小组的重心就应该转到另一种技能，即 PSF 的培养上；如果一年级学生在入学时就已经具备了较强的语音技能，那么他们入学年前半年的重点就应该是培养他们掌握读音规则，并通过 NWF 指标进行测试。如果大多数一年级学生能通过 NWF 测试，但不能在 ORF 测试中达标，那么教师就应检测学生对常用词汇的习得情况，并让学生多花时间将词汇学习的技能迁移到文本学习中去。

年级小组的数据会议

　　在实施 RTI 的学校里，经常可以听到"数据会议"这个说法。"数据会议"到底是什么样的呢？一般来说，它属于年级段小组的会议，其目的是评估对该年级学生所实施的干预的效果。另外还有一种"数据会议"，在会上，所有辅导某位未达标学生的教师聚在一起，共同分析该生的数据，并讨论是否需要对这位学生的干预计划进行修正。

　　RTI 使我们得以改变年级组会议的研讨形式。许多时候，所谓的研讨只是围绕着管理主题，譬如安排人员实地考察，或者为成绩单的发放规定期限等。事实上，所有这类细节几乎都可以通过电子邮件解决掉。年级组的会议更应该致力于对课程及教学的研讨。

　　有些学校甚至将这种会议的名称改为"课程协作时间"，以此表明会议的目的是讨论本年级的课程教学。许多学校在每周安排一定的时间让教师进行协作，在这个时间段里，教师并不是制订个人计划，而是与本年级的所有教师一起讨论课程教学。RTI 协作者必须参加此类会议，从而推动各年段之间的交流与合作。

RTI 协作者或阅读指导教师在参加这种会议时，必须带上数据记录本。虽然在某些学校，会议的议程是由年级组长制定的，但 RTI 协作者还是必须加强同这些组长的联系，从而使大家能在会上一起讨论与 RTI 相关的话题。RTI 协作者应至少每月整理一次 CBM 数据图，以便讨论学生的最新进步状况，同时从各班任课教师那里收集过程监控数据，并更新数据图。通过这样连续的数据分析，应该能精确估计每个时段的达标学生人数。

在对最新进步状况进行观察之后，小组应讨论如何使干预小组的组织结构更完善，譬如，是否所有的教师都应全心投入干预活动？教师是否应安排干预者进入课堂来帮助教师？教师认为他们使用的材料中哪些特别有用？这些材料是否有不足之处？

对于采用"走式干预"（walk-to-intervention）模式的团队来说，协作时间显得尤其重要。在这种模式中，干预的实施存在着明显的障碍，故只能通过任课教师而不是班主任来对学生实施干预。随着越来越多的过程监控数据被收集上来，教师可能会建议将某些学生转移到高一层级的学习小组中去，同时，他们也需要分析，是否有学生未取得进步？或者这些学生是否必须转到低一层级的学习小组？

有时候年级组会议也会进行案例研究。每周安排一位教师用十分钟时间分析学生：其中五分钟用来展示该生的情况，另外五分钟则与全组教师一起讨论对该生应采取何种教学策略。RTI 协作者最好能提供一种讨论样板，从而使教师在最初的五分钟内只提供与学生相关的信息。这样做的好处是，教师能集中精力根据学生的信息探寻出其能力上的不足，同时也能分析出目前在课程教学上的可取之处。RTI 协作者应从一开始就制订一个讨论样板，免得大家又像以前那样，只会对学生的家庭生活为何使他产生阅读困难这一问题感兴趣。

一年当中不同时期的数据分析各不相同。在年初，数据分析的重点是将未达标的学生放到各个干预小组中去，到后来，会议讨论的重点则由对过程监控数据的分析转到了确定哪些学生需要更密集的教学上。总体来说，会议讨论围绕着以下几个目标展开：

- 根据能力不足的情况，将未达标的学生置于各种学习小组中。
- 为各个学习小组制订出适宜的教学策略或教学计划，以解决其能力上的不足。
- 对过程监控数据进行分析，并根据分析结果，加大对某些学生的干预力度，同时将某些学生重新分组。

个体教师间的数据会议

校长及 RTI 协作者至少每隔三个月就要组织一次与每位教师一对一的面谈，面谈的重点是班级整体进步状况以及各个学生的进步状况。教师在参加面谈时应把数据记录表带上，其中应包括如下内容：

- 错误类型分析表；
- 干预小组名录；
- 针对每个小组及每位未达标学生的过程监控数据图；
- 干预日志，用以记录出勤、每周干预时间、每周课程以及对每位学生的观察结果。

读者可以从俄勒冈大学（University of Oregon）的 DIBELS 数据管理系统中找到此类会议的最佳报告，当然，从其他报告系统中也可以找到类似的文本，案例研究中的图 B 即为一份样例。这份报告非常适合于校长与教师的会面，因为这份简洁的数据图分别显示了班上所有学生在两个不同时期的进步水平。校长可以一眼看出某个学生的巨大进步，并可询问该班班主任这位学生为何能取得如此令人瞩目的进步。之后他们可继续讨论那些进步不足的学生。

在讨论那些进步不足的学生时，校长可询问如下几类问题：

当前的干预

· 该生有哪些能力未能达标？

· 目前对该生来说最重要的教学重点是什么？

· 该生在哪个干预小组学习？

· 该小组的教学重点是什么？教师是谁？

· 该生每周接受几分钟的教学干预？

· 与该生一起学习的干预小组成员有几个？

发现问题

· 是整个小组的进步不明显，还是仅仅这位同学落后？

· 该生的出勤率如何？

· 如果增加对该生的干预时间，效果是否会更好？

· 小组规模是否太大，以至于无法给他们提供足够的纠错反馈？

· 教学重点是否针对学生的核心缺陷？

· 干预小组所采用的课程是否针对学生的能力缺陷？

· 对该生我们还采取了其他什么措施？

· 关于该生，你还获取了哪些测试数据（如非正式语音筛选测试）？

问题解决

· 能否对该生实施"双倍剂量"手段，安排他每天去两个小组接受干预？

· 如果让父母在家对孩子进行帮助（比如常见词汇的学习），是否能提高干预的效果？

· 将该生转移到别的小组进行学习，效果是否会更好？

· 对该生的课程教学是否应与他人不同？

· 我们还能提供给他什么可能的帮助？

· RTI 协作者能为你做些什么？

一旦计划制订完毕，接下去便应召开由 RTI 协作者参与的数据会议，观察其中的修改是否产生了效果。会议应重点关注学生，而不是教师的表现，并讨论学校如何才能帮助每位学生达到基准。在会议中，RTI 协作者的身份也只是一名指导教师，不能对教师的课堂教学指手画脚。

对进步状况进行分析之后，教师必须给他们认为能够在年底达标的学生制定目标。校长可以在会议期间与每位教师分别对话，商量此事，或者在会议之前或之后让老师们填写一张表格。目标的制定十分重要，教师可以带领全班同学朝着这个目标努力，同时，它也传达给学生一种信息，让他们自觉地提高自己的阅读水平。

校长必须十分慎重，不要轻易地将 CBM 测试结果与教师的表现评价直接挂钩。一旦在评价教师表现时参考 DIBELS 或其他 CBM 数据，教师就很容易在学生考试成绩上造假。虽然说提高学生的阅读水平是教师的一个目标，但如果 DIBELS 成绩对他们形成了威胁，那么问题就会接踵而至了。

与家长之间的数据会议

有一位校长给他的同事们讲了一个故事，这个故事有力地证明了 CBM 数据能对家校关系产生积极的影响。该校长所在学校实施 RTI 仅三个月，就有一位家长找上门来，强烈要求将她的儿子转到别的班级，因为她担心自己的儿子阅读跟不上。校长发现，这位家长还没有同任课老师谈起过她的担忧，于是对她说，他得征求一下老师的意见。之后，那位老师夹着 RTI 数据记录本进来了。校长要求她把学生的测试成绩拿出来给家长看，同时将学校为了提高这位孩子的阅读水平而制订的计划出示给家长。

老师将孩子秋季 DIBELS 基准测试的成绩告诉了这位家长，并对她说，她的孩子目前正与其他两位学生一起参加干预小组，以弥补他在前阅读技能上的不足。接着，她打开数据记录本，向家长出示了她对孩子在 DIBELS 测试中的错误类型的分析，孩子所在干预小组的教学重点，以及根据周课时安排对该组实施的教学策略的概述。然后，她还给家长看了孩子的过程监控数据图，并且告诉这位家长，按照目前的进步速度，她完全有把握这个孩子能在年中 DIBELS 基准测试中达标。老师还解释说，只要孩子的过程监控成绩连续三次达到或超过基准线，他就能离开该干预小组，当然前提是在之后一个月的过程监控中，他的成绩不再退步。

校长对这位老师表示了感谢，并让她回到教室。这时，家长表达了对学校的感激之情，并放弃了转班要求，因为她觉得老师非常了解她的孩子，并为他制订了行之有效的学习计划。校长后来说，在他这么多年的学校管理工作中，很少能像这次一样顺利解决家长担忧的。因此他认为，能解开家长心结的钥匙，恰恰就是过程监控数据图，有了这张图，教师就能具体地描述出孩子的能力所在，他应该努力的方向，学校在如何帮助他，以及他何时能够达标，等等。

与家长就 RTI 进行交流，有利于建立起一种紧密的家校联系。许多学校在实施 RTI 之初，往往会给家长们写信，简单地告诉他们学校所做的事情，并对各种测试手段进行解释。在某次管理者聚会中，一位校长对这种做法深表后悔。她说，有一次她写信给一位家长，希望他能签名同意让他的孩子进入第二层级干预小组学习。这封信就孩子是否应接受特殊教育罗列了许多问题和担忧。结果，正因为这种做法，学习小组的安排被拖延了好几个星期。所以说，给家长写信并非一个好办法，通过手册或交流的形式向家长解释，也许效果会更好。通过这些形式，你可以告诉家长，学校在早期阅读方面的课程既包括阶段性测试，也包括对层级干预教学的应用。

有些时候，当家长从网上下载了朗读材料并帮助孩子进行阅读训练时，他们的担忧也随之产生。这种做法是对测试目的的一种误解。家长应该让孩子们客观地进行考试，如果人为地帮助他们达标，反而会让他们失去接受特殊帮助的机会。因此必须明确地告诉家长们，不要练习测试的内容，冷读（cold reads）才能反映出学生真实的阅读水平。

校长必须拥有数据图表

在本章开头，笔者曾建议校长和 RTI 协作者拥有一本管理者的 RTI 数据记录本。其中的内容要与教师手上的记录本不同。本书最后的"资源 A"为各位提供了这种记录本的样式。

第五章
RTI 的领导者视角 ①

伊夫林·约翰逊
萝莉·史密斯
莫妮卡·哈里斯

总　论

对刚开始实施 RTI 的学校领导来说，"谨始虑终"（Covey，2004，p.95）是一条非常有用的忠告。正如前一章节所述，如果在 RTI 实施之初便具有全局观，那么 RTI 就能成为一种组织架构，而各所中学都能根据这一架构，依靠全校性的课程来统一其使命、愿景和价值。确切地说，RTI 应当成为一种体系，学校通过这一体系努力提高学生的学业水平，而不是孤立地将计划逐一完成。虽然对学校领导来说，实施 RTI 有些令人生畏，但就满足全体学生的需求而言，它不啻为一种综合性的构架。在讨论学校改革中的"打破常规"这一思路时（全国中学校长联盟，NASSP，1996），拉查特（Lachat，2001）就指出，全局性改革十分重要，因为学校内任何一个要素的改变，都会同时影响到其他要素。由此可见，断断续续的改变，远没有全局性改革那般来得见成效。

通过实施 RTI，我们能自然而然地形成对学校内相关学业进步和学生正向

---

① 选自伊夫林·约翰逊、萝莉·史密斯和莫妮卡·哈里斯所著的《中学如何实施 RTI》（*How RTI Works in Secondary Schools*），科文出版社，2009 年。

行为支持的几个关键要素的组织分析和评价。作为学校领导，你所面临的挑战是如何对全局性变革的实施进行管理、组织和优化。

学校领导还得肩负起发展学校文化的重任，这对于全局性改革十分有利，但同时这项任务任重而道远。我们所做的变革往往被视为一种纯粹技术上的挑战——为了实施新的模式，我们具备资源和信息了吗？但是，越来越多的相关学校改革的文献表明，为了引领全局性改革，成功的领导还得处理好团队的社会价值及文化价值（Elmore, 2007）。那些除了处理改革中的技术问题之外，从不考虑团队的社会语境和成员的个人价值的组织，最后很可能会白费力气（Reid, 1987）。因此，实施 RTI 的策略模式应当能确保 RTI 实施的必要条件落实到位（Fuchs & Deshler, 2007），并以此解决必要的"人力资本投资"问题（Elmore, 2007, p.2）。正如福斯和德什勒（Fuchs & Deshler, 2007）所言，这些必要条件包括以下几个方面：

1. 在专业发展项目中的持续投资；
2. 管理员介入，并对方案的采纳和正确实施设置期望；
3. 坚持到底的意愿；
4. 重新界定角色以及改变学校文化的意愿；
5. 给员工以充足的时间来领会变革，使之融入他们的日常行为，并能解决他们的问题和顾虑。

本章从头到尾论述的都是对领导者所提出的要求，从而确保 RTI 各个要素能成功实施。不过，领导们可能对整个进程还是心存疑惑，故在本章中，我们将利用一些校长的成功案例，来呈现并回答那些在 RTI 实施过程中常被问及的有关校长的角色定位问题。

在 RTI 实施过程中，作为领导者，我的角色是什么？

在 RTI 实施之初及其推进过程中，领导者的角色是多方面的：他既是一位管理者，又是一位推动者和指导者。这种角色的定位，反映了过去几十年内中学校长责任的重大变化（Portin, DeArmond, Gundlach, & Schneider, 2003）。这些变化的最复杂之处在于，校长要负责的事务越来越多，从而促使学校采取领导力共享方式（Portin et al., 2003）。一般认为，领导力共享是校长得以通过协作在其员工间获得共识的一种方法，是在管理者、员工及共同体成员中分担、转移领导责任的一种方式（DuFour, Dufour, Eaker, & Many, 2006；Lashway, 2003；Portin et al., 2003）。正如第一章论述的那样，专业学习社群（PLC）本身便是一种有效的领导力共享方式。

使用领导力共享模式能有力推动 RTI 的实施。虽然在中学，RTI 的实施可以有多种方式，但它必须契合每一所学校独有的需求、目标、使命和愿景。在学校和社区人员对个体学生的需求进行评估、分析和调查时，学校层面的需求会变得显而易见。组建一个 RTI 团队，使之能全面参与对学校实施 RTI 的具体模式的设计、制定及支持，能大大提高 RTI 实施的成功率。RTI 团队能成为它自身的 PLC，并努力使学校得到持续发展（DuFour et al., 2006）。PLC 所要做的，是坚持对现状进行分析，并不断探索实现团队目标的最佳方法（DuFour et al., 2006, p.4）。

无论是 RTI 模式还是 PLC 模式，都是学校层面的行为，若结合使用，则能实现二者的共同目标。比如说，每一种模式都有一个问题解决团队在不断地收集学生信息、制定策略以帮助学生学习、实施这些策略，同时对效果进行分析。若发现有必要对策略进行更多的修正，则可根据这一过程中得到的信息，作出相应的调整，如此循环往复（DuFour et al., 2006）。

一位在 RTI 模式下的优秀领导，应能调和 PLCs（或领导力共享团队）各成员所做的努力。校长必须使其员工聚焦于改善学生在校的学业表现，除此之外，他还必须负责管理资源、设置优先级，并协调诸如研究干预或为每一个干预层级制定具体方案等多种行为。

我如何开始实施过程？

学校在实施 RTI 模式时，校长应着重做好三件主要工作：其一，确定 PLCs 的功能和成分；其二，进行需求评估；其三，制订第一年的行动计划。有关这三件工作，详见下文。

PLCs 的确定

作为校长，他可能希望有众多的 PLC 团队能来帮助学校实施 RTI 模式。其中问题解决 / 数据评测团队将成为实施过程中的核心 PLC，而其他 PLC，则要么对普通教育进行通用评价（见第七章中的过程监控），要么关注诸如差异化设计以及通用设计一类的教学策略。对每个 PLC 而言，明确团队内每位成员的角色并保持其职责的连贯性是相当重要的，对于"核心团队"来说尤其如此，因为他们的责任是对学生的数据进行分析和评价，并以此来确定适宜的干预形式。

核心团队的成员必须参加每月一次的会议，对学生的学习需求进行评估，并帮助教师有效使用教学策略。PLC 成员可以是学区支助人员，如在学习障碍及学生需求方面有专长的学校心理师。至于校长在 PLC 中的职责，则是设法创造条件召集会议，包括安排场所、确定议程、为参会者提供方便等。每个年级必须保证有一位教师参加会议，虽然这一人员可以是流动的，即同一位教师不必参加整年的会议，而可以由其同事替代参加。人员流动的好处，是所有的教师都有机会参与核心团队，从而了解其运作过程。

需求评估

对于校长来说，不可否认的是，一旦实施"变革"，员工就会变得非常消极，并从一开始就百般阻挠。因此，想要组织一场顺利的变革，最有效的办法是在发起行动前，对变革的各类条件进行评估（Lachat，2001）。目前，全校性的评估数据能帮助校长确定下一步的措施。若要使全校员工都参与变革，那么第一步要做的就是需求评估。梅拉德和约翰逊（Mellard & Johnson，2008）曾制定过一份 RTI 实施清单，其中提供了一些方法，用以确定某些具体的 RTI 成分在学校内已发展至何种阶段（详见附件）。对于 PLC 来说，首先要做的，是利用该清单来实施需求评估。

除此之外，所有的教职员工及家长都必须通过完成学校的综合调查表参与需求评估。该调查表中必须包含与学业、校风、行为、资源、社区关系以及校外教育项目等相关的问题。对该调查的数据进行汇编之后，校长再利用两种评估方法来确定学校发展中的优势项目以及待改进之处。表 5.1 为一份针对家长的调查样表。

表 5.1　夏延山初高级中学家长调查表

通过填写学校认定问责及咨询委员会（BAAAC）的调查表，您将有机会让学校获知您对学校是否有能力满足您孩子的需求这一问题的看法。BAAAC 成员主要由家长、学校教职员工以及社区成员组成，主要对学校各个方面（如项目、课程以及学生学业成绩等）进行讨论、回顾和评价。本校的未来发展及改进计划将建立在本次调查结果之上，故您的意见举足轻重！我们对您在百忙之中能完成本调查深表谢意！

请用所附的答题卡完成问题 1 — 51。

1.学生所在年级（若七年级，则标注 A；若八年级，则标注 B）。

2.学生性别（男生，标注 A；女生，标注 B）。

是否为家校共同体（PTO）或其他团体成员。

（若是，标注 A；若否，则标注 B）

3.我阅读学校简报。

4. 我希望能读到电子版的学校简报。

5. 我希望参加学校问责委员会。

6. 我知道学校网址，并从中获取相应信息。

课 程

问题 7—11 中，若您对其中的表述十分赞成，标注 A；赞成，标注 B；不同意，标注 C。请在空白处阐述您不同意的理由。

7. 总体而言，我孩子在学习上取得了进步。

8. 我孩子在学习上的需求及优缺点受到了关注和处理。

9. 我孩子在学习上困难较大。

10. 我孩子的家庭作业量比较适宜。

11. 初中阶段的课程设置比较多样化。

请您针对您孩子在如下几个方面的课程表现进行打分（A 优秀，B 良好，C 满意，D 待进步，E 未观察）。

12. 数学。

13. 语文。

14. 社会。

15. 外语。

16. 媒体中心／图书馆。

17. 体育。

18. 表演艺术（乐队，合唱团，戏剧）。

19. 视觉艺术（陶艺、2D/3D 设计、珠宝、绘画、雕塑）。

20. 工艺（跨学科应用）。

21. 科学。

22. 特殊教育。

说 明

_____

_____

家校沟通

23. 我通常采用如下方式与学校教师进行沟通：

    A 电话。

续 表

B 电子邮件。

C 书写形式（便条、信件）。

D 会议。

在问题24—30中，若您对其中的表述十分赞成，标注A；赞成，标注B；不同意，标注C；无法回答，标注D。请在空白处阐述您不同意的理由。

24. 我很满意学校能每隔三周汇报学生的进步情况。

25. 我很满意老师能主动找我交流，和我一起谈论孩子。

26. 我对家长会很满意。

27. 我很满意能找到孩子的指导老师。

28. 我很满意能从老师那里得到补课。

29. 我很满意老师能及时针对孩子的不良表现或成绩退步情况与我进行沟通。

30. 我很满意学校老师能迅速对我的邮件或电话进行应答。

说 明

_____

_____

_____

校 风

在问题31—44中，若您对其中的表述十分赞成，标注A；赞成，标注B；不同意，标注C；无法回答，标注D。请在空白处阐述您不同意的理由。

31. 我孩子从六年级进入七年级时，学习成绩有所提高。

32. 我孩子从六年级进入七年级时，交往能力有所提高。

33. 我孩子的哥哥姐姐从初中进入高中时，学习成绩有所提高。

34. 我孩子的哥哥姐姐从初中进入高中时，交往能力有所提高。

35. 我很满意能得到相关信息，帮助孩子进入高中。

36. 我很满意于初中阶段所执行的纪律处分或政策。

37. 我很满意学校内的骚扰事件能被正确处理。

38. 我知道孩子在学校里学到了应对骚扰或恐吓的办法。

39. 我孩子很喜欢在夏延山初高级中学上学。

40. 我孩子在学校里有安全感。

41. 我对学校的午餐感到满意。

42. 我孩子能利用上学前后的时间与老师进行沟通。

43. 我孩子在交往或学习上遭遇困难时，能与指导老师进行沟通。

44. 我孩子在交往或学习上遭遇困难时，能与学校行政领导进行沟通并感觉自在。

说 明

_____

_____

_____

教师队伍

在问题 45—51 中，若您对其中的表述十分赞成，则标注 A；赞成，则标注 B；不同意，则标注 C；若无法回答，则标注 D。请在空白处阐述您不同意的理由。

学校的老师能倾听我的顾虑，并与我一起努力来满足我孩子的需求：

45. 行政领导。

46. 指导老师。

47. 办公室员工。

48. 教师。

49. 辅导员。

50. 保管员 / 门卫。

51. 特殊教育人员。

说 明

_____

_____

_____

家长签名（可选）：_____

资料来源：©2007Cheyenne Mountain School District 12 Accreditation, Accountability and Advisory Committee, Colorado Springs, Colorado, Used with Permission.

制订行动计划

在需求评估之后，校长、副校长以及核心 PLC 团队要制订出一份行动计划。就领导力共享模式而言，制订计划需要几个人共同参与，同时强调 RTI 模式中的合作性（而非自上而下的形式）。学校的行动计划应包括如下几项内容：

· 对预期效益、目标以及向 RTI 模式过渡的目的的描述。

· 指导行动计划的一系列指标。

· 短期的、渐进的目标规划。

· 实际操作时间表。

· RTI 实施人员的角色及职责。

· 用以传达过程信息的常规监控计划。

· 与计划实施相配套的专业发展计划。

· 用以保持持续沟通的机制，从而确保各成员能参与、理解实施过程，并且有机会表达其观点和看法（Lachat, 2001）。

专业发展目标

校长的专业发展

在 PLC 框架下，无论是校长还是 RTI 具体实施人员，都需要发展专业能力。随着实施的推进，校长还将注意到，无论是正式的还是非正式的评价，其重要性会越来越突出。这其中包括在学校各个领域所运用的形成性评价和终结性评价。在第一层级，校长需要学会评价教师绩效的有效方法，从而有助于 RTI 的实施，推进协作进程。要做到这一点，校长需要牢固掌握诸如差异化教学等指导策略，从而能在教学上对教师形成帮助。到了第二层级和第三层级，校长则需要掌握全校性的过程监控及系统管理的知识。

教师的专业发展

核心团队一旦开始讨论 RTI 的实施，专业发展需求便必须迅速与需求评估相适应。举个例子来说，如果需求评估指出学校缺乏对学生的阅读、数学或写作方面的干预指导，那么负责实施干预的教师便需要在这些方面得到专业提升。倘若学校尚未采用过程监控，那么这方面的专业发展也是必需的。重要的是，一定要确保专业发展与学校正在运用的系统和干预相配套。比如，如果某个学区利用 AIMS 网络进行过程监控，那么与该系统相关的培训就显得非常重要。

由于各校的需求互有差异，因此不可能推荐一系列标准的专业发展主题，各校应根据需求评估和行动计划来确定各自的专业发展需求。教师在要求参加专业提升时，校长可考虑他们的要求是否能促进本校 RTI 模式的实施。或者，校长也可以要求其员工制订一份长期的、配套的专业发展计划，以促进 RTI 的实施。

当 RTI 专注于学业时，行为问题该如何处理?

在本书中，我们对 RTI 模式的概念进行了阐述，正如第一章所述，该模式不仅关注学业，同时也关注行为。但许多中学却更多地聚焦于学生的学业成绩，因为他们在这方面承担的责任风险较大，而在行为问题上往往采取惩罚式处理方式。RTI 的优点之一，就是它使学校摆脱了"因等待而失败"的模式，而采取主动教学、早期干预以及预防等措施。当然，"因等待而失败"模式不仅仅发生在学业成绩上。因而，在 RTI 程序的分支积极行为支持（PBIS）模式的运用过程中，学校可以制定出一种通用而积极的方法来同步提升学生的学业成绩和行为表现。

核心 RTI 团队应该听取那些经常从事行为矫正工作的成员的意见，来研究当前适合于学校的行为模式，譬如 PBIS 模式。这些建议和模式很可能会使某些教职员工在转变过程中感到不舒服，因为在纪律教育方面，教师从被动转向主动需要大量的实践，譬如要明确学生的行为准则，让他们正确做事（在 PBIS 中，被认为是"积极做事"）。这就要求学校对学生行为的评价采取一种统一的标准和准则。

PBIS 全国技术协助中心为那些乐于实施积极行为模式的学校提供了一套完整的资源。最初，PBIS 中心将有效 PBIS 模式分为七个主要部分，即：1. 纪律教育的通用模式；2. 对目标的积极表述；3. 少许针对全体学生的行为准则；4. 为达到这些准则而实施的教学过程；5. 为鼓励成绩稳定而采取的一系列手段；6. 为阻止破坏纪律的行为而采取的一系列手段；7. 为对纪律制度有效性进行经常性监控和评估而采取的措施（http://www.pbis.org）。此外，该网站还提供 RTI 框架下的多种 PBIS 功能资源。

如果发现需要干预的孩子太多该怎么办?

如果发现有太多的孩子需要干预，那么就必须修改核心计划。RTI 的实施建议是，在一个强有力的核心计划（第一层级）之下，80% ～ 85% 的学生应取得明显进步。约 15% ～ 20% 的学生需要在第二层级或第三层级接受强度更大的干预。如果有明显超过 20% 的学生需要干预，那么学校的首要工作应是修改第一层级的计划。

即便在强有力的核心计划中，对第二层级的管理也很可能会成为中学阶段实施 RTI 最难以处理的方面之一，甚至在整个系统落实几年之后，依旧麻烦不断。好在现在已经有了好几种管理办法，来应对大量需要干预的学生。其中，前两种直接与第二层级的有效管理相关。最关键的第一步就是进行客观筛查（详见第四章）。在明确的决策规则下，使用那些客观数据来判断学生是否需要接受干预。当然，作出这些决策不能基于教师的参照（因为缺少证据支持）。筛查的结果可以用来指导干预行为。筛查不仅有助于判断个别学生的需求，也有助于制订整个学校层面的资源开发计划。举个例子来说，大多数在学业上需要援助的学生，往往希望在阅读方面得到指导。如果筛查数据能够确认这一点，那么学校就应当投入精力制定有效的、标准化的策略，以解决其阅读问题。与此相关的干预，详见第六章。

还有一种有效的策略是让教师去担任导师，指导那些接受第二层级或第三层级干预的学生。由于辅导团队要对每位学生进行干预，常常觉得时间不够，所以指定一位与学生关系密切的教师去担任导师，能提升干预的成功概率，保证学生不掉队。同时，通过这种办法，教师能熟谙层级干预和过程监控。自然，对某些教师而言，要履行好导师的职责，需要参加相关的培训，不过，能将教师与需要援助的学生连在一起，这种投入还是值得的。由导师来跟踪具体的学生，也有助于预防因为学生的瓶颈问题或过程监控的失效而引起的系统"阻塞"。这些小问题迟早都会发生，但若在 RTI 的初始阶段就过早地、频繁地发生，那么其结果便是，教师、家长都会逐渐对 RTI 心灰意冷。由此可见，在初中或高中阶段保证 RTI 实施的持续有效，对一个校长而言，是最为重要的工作。

我需要提供什么样的资源?

资源可以分为三类：专业发展，材料及设备，基础设施。关于专业发展，前文已经讨论过了。每一部分的具体资源，包括材料及设备，本书也将在相应章节进行叙述。

创建用以支持 RTI 的基础设施，主要取决于行事安排、角色及职责分配、协调会议，以及其他在 RTI 框架下学校的各方面功能。譬如，为了保证 PLC 团队的有效运行，学校教师需要在常规的、专用的时间段内进行协商和交流。在时间分配上有几个建议：可以让同一个年级的教师（如所有九年级的教师）集中起来，一起讨论他们共同的学生。这使得他们能就学生在某些内容领域中的表现以及相应的干预行为（如果适用的话）进行统筹数据分析。除此之外，安排时间让同一个学科（如数学）的教师进行协同研讨，会使这些教师有机会在教学和评价等方面进行沟通协作。虽然此类计划的安排难度较大，但一旦缺少协同研讨，实施起来就会明显没有效果。

第一次就把事情搞砸了该怎么办?

请记住：RTI 的实施是一个灵活的、持续的过程。你可以按照当前的学校体制，选择合适之处开始实施。并没有一种完美的准则来组建完美的团队会议，或者为学校的持续发展制订完美的计划。虽然从技术上看，存在着大量关于 RTI 实施的支持信息，但一旦校长忽视了社会背景，忽视了员工以及利益相关者团体的价值，那么所有的变革都不可能发生（Reid，1987）。同时，要求员工一次性作出过多改变，会使他们产生机能障碍，从而因为对过多的变革应接不暇而排斥整个变革。RTI 的实施是一个循环往复的过程，对 DBDM 和 PLC 框架的运用，有助于我们不断回顾、评价和调整。

RTI 的实际执行

夏延山初高级中学于 2004—2005 学年开始实施 RTI，图 5.1 以流程图的形式描述了该校是如何开始实施 RTI 的。

夏延山初高级中学的校长分五个步骤来实施 RTI。这五个步骤包括灵活的过程及需要进行年度评价的 RTI 相关决策。对于其他学校而言，根据他们自身的需求评估结果来决定不同的实施办法，会显得更为合适。

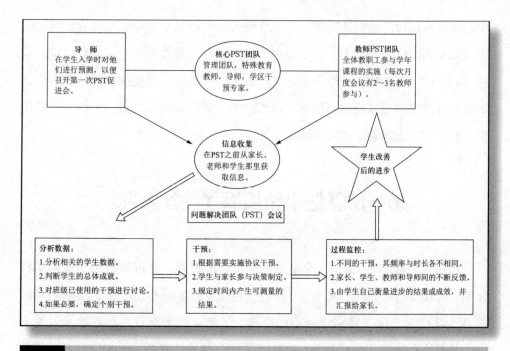

图 5.1 夏延山初高级中学的 RTI 实施步骤

第一步：确定核心问题解决团队

要记住，一旦管理团队的成员参与其中，RTI 的实施便会非常有效。教师参与 RTI 固然很重要，管理团队的参与也一样很关键。如果核心团队能参与本年度的每一次问题解决团队会议，那么 RTI 的实施将变得非常有效。同时，你还需要让学区专家参与到核心团队中来，并 / 或者成为你的特殊教育教师。最佳的核心团队应包括 5 ~ 7 名成员，外加 2 ~ 3 名教师。每次会议，参加人员不要超过十名，否则会议的效果会大打折扣。

核心团队一旦确定，便要让他们参与到下列任务中来。

· 任务 1：对目前学校里针对学生进步状况的测试方法进行评估，并思考如何重新设计这些方法，使之适用于 RTI 的结构。

· 任务2：思考授课教师如何才能参与到 RTI 的实施过程中去。其中的关键
　是让他们建立关于该过程的知识结构，并达成共识。不过，在一个员工
　较多的中学里，这一点也许需要多年之后才能产生效果。

· 任务3：思考 PST 会议的计划（会议频率和时长），如月度会议、半月会
　议等。这些决策非常重要，因为它们既是一种过程监控程序，也关系到
　对干预有效性的审视。

第二步：信息收集过程

利用核心团队，思考如何收集、管理每位被转介到第二层级学生的信息。

· 任务1：确定负责最先被转介的学生的人员名单，并开始信息收集。

· 任务2：确定用于信息收集的专用表格。可以直接使用从网上或其他学校
　找到的大量的类似表格，自创表格只会浪费时间。

· 任务3：思考家长如何以及何时参与 RTI 的实施。最好在收集学生信息时
　就让家长参与。确定家长参与 PST 会议的方法。

第三步：数据分析过程

数据分析是 RTI 实施过程中最为重要的一步，同时也是最为耗时、最难实
施的一步。尽管如此，只要资源充分、专业过硬，这一步最终还是能够完成的。

· 任务1：在关于最早被转介的学生所要收集的数据上达成一致。这些数据
　包括学生的学业史、总结性评价、形成性评价以及其他能综合反映该生
　学习表现和学习能力的测试成绩等。

· 任务2：思考如何将这些数据分发给参加即将召开的 PST 会议的核心团队
　及教师。此项任务较为棘手，因此想要确定一种适合你团队的最佳办法，
　可能需要经过多种尝试。其中存在着一些可能需要与团队成员一起讨论的

问题，譬如，是否需要在会前制作一张观察记录表并分发给各成员，从而提升会议的成效？团队是否需要在 PST 会议期间集中讨论学生的信息？家长如何参与此过程？

·任务 3：确定在 PST 会议期间负责制作与展示数据的人员。这项工作，在中学阶段也是很费力气的。所以，我们需要做的是分而治之。建议之一便是，为每个年级分配导师，让其负责所在年级的被转介学生，因为他们最了解自己的学生。在高中阶段，九、十年级中被转介的学生比十一、十二年级的要多。这是非常普遍的现象。因此，我们应当多考虑低年级导师的工作量，并努力使各位导师的工作均等。

第四步：设计一系列的干预措施

在中学阶段，学校一般很少建立强大的干预及支持系统。因此，有必要弄清楚学生的具体需求，以便实施一系列有效干预。

·任务 1：RTI 实施过程中最充满活力的部分是对干预的设计。一定要从小处着手，记住，在实施的最初阶段，"少"往往意味着"多"。就干预而言，并不存在所谓的灵丹妙药。你首先要做的，是对学校所使用的各种干预进行评估，并将它们分类，确定哪些属于学业干预，哪些属于行为干预。

·任务 2：确定在学校内，哪些领域对学业及行为的需求最多。分别就行为和学业干预确定 3 ～ 4 种需求。作为团队，首先要处理这两类干预的需求，同时对下一年度学校可能要实施的方案进行研究。但不管是哪个类别，所实施的新的干预不要超过两个。

第五步：确定过程监控工具、档案记录以及评估手段

·任务 1：根据需求以及学校内的干预优先性，对过程监控工具进行研究。

所选用的工具必须结合正在实施的干预手段，对那些主要学习领域（如阅读、写作或数学）内学生所取得的成绩进行经常性的评估。利用这种机会，还可以引进学区、其他学校的测试人才或专家。在实施 RTI 过程中，可能要花上几年的时间才能正确、有效地使用过程监控工具。

· 任务2：在投入更大规模的过程监控工具之前，先考虑使用那些随手可得的课程测量工具。对于授课教师而言，通过这种简单的办法，不仅能使他们意识到过程监控的重要性，也能认识到过程监控对于迅速而有效地测量学生进步状况的益处。

· 任务3：在过程监控及干预过程中，有机地融入专业发展意识。

模式小结

在中学阶段，最初实施 RTI 时，各校可根据自身的不同需求而采取不同的步骤和方法。需要指出的是，RTI 是一种系统变革，因而不可能在一年当中完成。但是，只要遵循上述原则，一定会形成有关学校持续改善的重要对话机制。至于如何确定最适合于学校的结构和体系，从而推动 RTI 的持续落实，则取决于学校管理团队和核心团队本身。

小　结

要想成功地开发、建立一种 RTI 模式，就需要坚强而又持之以恒的领导。改革是一个复杂的过程，其中包含了许多变数，同时又需要在普通教育中完成大幅度的文化转型，但它又提供了一种机会，让我们在实施过程中既对教师有益又对学生有益。学校的校长必须理解这一系统，带头进行需求评估，制定短期和长期目标，并努力保障实施成功。校长还应让全体教师关注学校提高学生的学业成绩这一目标，如果某些学生需要强度更大的或不同水平的援助，则要管理好相应的资源。校长要领导本系统的整合工作，使学校能收集、分析和评价个体、班级、年级乃至全校学生的信息，并预测和应对下一步情况。最为要紧的是，校长必须营造一种协同工作、责任共享的环境。

最近几年，几乎所有学校的改革举措都得到了校长的强力支持，且举全校之力而行之，这也是改革成功的秘诀所在。RTI 的实施同样如此，要想 RTI 实施成功，强有力的领导是必不可少的。

第六章
阅读的脑功能机制及读写教学 ①

威廉·本德
玛莎·拉金

> **本章节所提供的策略：**
>
> √ 通过阅读研究而得到的见解；
>
> √ 几项非正式早期读写测试；
>
> √ 语音读写检查表；
>
> √ DIBELS；
>
> √ 大脑相容性研究结果；
>
> √ RTI 模式下的阅读基础。

阅读研究中的喜讯

虽然 NRP 公布的数据显示，那些具有学习障碍和阅读困难的学生的最初阅读成绩并不见得过于乐观，但是其中还是有不少好消息值得通报（King & Gurian，2006；NICHD，2000；Sousa，2005）。在过去 20 年当中，对于阅读指

---

① 选自威廉·本德和玛莎·拉金所著的《小学学障生 RTI 阅读策略》（*Reading Strategies for Elementary Students With Learning Difficulties: Strategies for RTI*）（第二版），科文出版社，2009 年。

导的研究迅速蔓延，并在一些相关领域取得了长足进展，譬如关于阅读的大脑及中枢神经系统基础、读写教学、语音意识研究，以及针对读困生的阅读理解指导策略方面的研究（Bender，2008；Bhat，Griffin，& Sindelar，2003；Chard & Dickson，1999；Joseph，Noble，& Eden，2001；Kemp & Eaton，2007；Rourke，2005；Sousa，2005；Sylwester，2001；Wood & Grigorenko，2001）。这类研究中的大多数（譬如阅读过程中的大脑机能）是非常深奥的，对于实践教师而言难以理解。而本书所要强调的，恰恰是如何使这种研究（包括在此基础上的教学观念）能够为每位小学教师所用。

好消息还不止这些。由于 IDEA（2004）的出台，全国各地的教师都开始实施 RTI，以便更加透彻地了解学生是如何在阅读和早期读写方面举步维艰的（Bender & Shores，2007；Bradley，Danielson，& Doolittle，2007；Fuchs & Fuchs，2007；Kemp & Eaton，2007）。随着教师在这方面的不断努力，阅读指导必将提高众多读困生的阅读能力，因为其中的早期干预正是针对那些有阅读障碍的儿童的。

随着研究的不断增加，构成本书基础的三个侧重点逐渐显现——强调早期读写教学的整体观（Haager，2002；McCutchen et al.，2002；Shaker，2001），教室中越来越多的有关大脑协调阅读教学的文献（King & Gurian，2006；Prigge，2002；Rourke，2005；Sousa，2001，2005；Sylwester，2001），以及最近强力推行的 RTI（Bradley，Danielson，& Doolittle，2007；Fuchs & Fuchs，2007）。下文将详细叙述这三个侧重点，以便为随后几个章节中所要讲到的策略提供一种背景。

早期读写研究的主要见解

正如前述，在过去十年中，对阅读领域内的研究可谓兴旺发达（Bender，2008；King & Gurian，2006；Rourke，2005；Sousa，2005）。在此期间，通过对无阅读障碍学生所使用的阅读技巧的研究，人们总结出了不少有效观点。这些观点为我们在讨论读困生的阅读策略与手段时提供了背景支持（Fuchs & Fuchs, 2007；Kame'enui, Carnine, Dixon, Simmons, & Coyne, 2002；NICHD, 2000；Sousa, 2005）。所有这些见解，反映了我们对于阅读障碍的最佳理解，也反映了我们当今阅读教学中的最佳实践。其具体内容如下：

- 阅读能力并非天然而成；
- 在大脑中并不存在"阅读"区域；
- 阅读障碍既受遗传的影响，也受环境的影响；
- 阅读能力的提高是漫长而复杂的；
- 学生不仅要学会字母读音规则，也要学会字母编码；
- 音素掌控及字母拼读是阅读教学中的最有效办法；
- 学生应培养对编码的自动识别能力。

阅读能力并非天然而成

与视力、听力、认知和语言发展不同，阅读能力的形成并非一个天然而成的过程。举个例子来说，如果我们把一名婴儿隔绝在一座岛上，他的视力、听力、注意技能、基本的计算计数能力，以及某些语言能力都能得到发展，但是阅读能力却不能自然而然地得到发展（Sousa, 2001, 2005）。当然，把婴儿隔绝在岛上，他很可能无法生存，此处无非是打个比方而已。总之，阅读技能是需要通过专门的教学才能获得的，因此，教师必须在学校的课程中重视它，无论是在幼儿园，还是在小学或中学。

在大脑中并不存在"阅读"区域

虽然大脑各区域分别管理着视觉、听觉、运动及语言，但唯独没有一个区域能管理阅读。事实上，与语言相比，阅读需要调动更多的大脑区域，但同时我们又必须把它理解为一种语言能力（Armstrong, 2007）。如果说口头表达或语言在大脑中与相关管理区域属于"硬连接"，那么阅读则不与其中的任何区域发生此种连接（Sousa, 2001）。这也是阅读能力无法天然而成的原因之一。

阅读障碍既受遗传的影响，也受环境的影响

历年来，越来越多的证据表明遗传异常会导致阅读障碍（Wood & Grigorenko, 2001）。各种研究显示，某些具有特定染色体（尤其是染色体1、2、6、13、14、15）的特定区域有可能导致学生的学习障碍（Raskind, 2001）。尽管如此，要想把这些导致学习或阅读障碍的区域区分开来，还需要进行大量的研究。此外，虽然教师无法控制儿童的遗传因素，但是他们能调整阅读教学的环境，从而使之能最大限度地帮助儿童提高阅读技能。就我们的目的而言，我们重点关注的是环境策略的构建，譬如RTI、语音教学，以及提高阅读理解能力的方法，而不是收集文献来说明学困生阅读障碍的遗传成因。对教师来说，一定要明智地选择教学环境，从而提高学生的阅读能力。

阅读能力的提高是漫长而复杂的

所有的儿童在阅读之前首先会说话（或者某种方式的交流），语音是阅读的基础（Sousa, 2005）。音素是最小的具有交流意义的语音单位，全世界所有的语言包含的音素总共也就150个（Sousa, 2005）。就英语而言，有些研究者认为其音素有41个（NICHD, 2000），而另外一些研究者则认为有44个独立音素（Sousa, 2001）。阅读需要大脑在音素和字形（也就是印在页面上的那些弯曲的字母线条）之间建立联系。这种转换对30%的儿童而言是非常艰难的，从而使他们在一定程度上出现了阅读困难，其中某些孩子在日后甚至被确认为具有学习障碍。

更为糟糕的是，音素与字母表中的字母并非一一对应的关系。因此，学生

学习阅读是一个漫长而复杂的过程，对学困生而言尤其如此（Kame'enui et al.，2002）。从幼儿园到中学，教师必须在每一个教学阶段给予学生阅读指导，并将之作为一项重点工作。事实上，最近联邦政府和各州也正在关注此方面的教学需求。

现在我们知道，阅读的基础是大脑对于音素的识别和控制能力，那些未能掌握学前阅读技能的学生在阅读当中会遭遇很大的困难（Sousa，2005）。同时，音素技能也是语音教学的前提（其中包括音素技能和字母识别能力），即便到了中学阶段，音素教学也是阅读教学的一个重要组成部分（Bhat, Griffin, & Sindelar, 2003）。

学生不仅要学会字母读音规则，也要学会字母编码

读音规则是指英语中的大部分音素和所有的语音都能以字母的形式呈现出来，而以字母形式进行的语音组合，又叫作语音教学。进一步讲，儿童对于生词的解码能力，也是基于这些字母音之间的关系。因此，字母编码是指字母与它们所代表的音之间的关系。研究表明，学困生如果想在上学阶段提高阅读的有效性，就必须学会读音规则，简单地记住单词的意思，从长远来看，是远不能实现成功阅读的（Kame'enui et al., 2002；Sousa, 2005）。而且，要想学会读音规则，不能仅仅靠学生自己接触书本，还需要教师专门教授（Sousa, 2005）。

音素掌控及字母拼读是阅读教学中最有效的办法

虽然关于到底是采用字母拼读法还是采用常见词教学法，学界已经争论了几十年，但是证据显示，强调语音教学和字母拼读（即读音规则所表明的，具有独立音素及与字母之间的对应关系），显然是阅读教学中最有效的办法，且适用于几乎所有具有或不具有阅读障碍的学生（NICHD，2000）。小学和初中教师应在每一个专题教学中尽可能地强调字母与发音之间的关系。

学生应培养对编码的自动识别能力

虽然音素掌控、语音解码、词语切分以及利用上下文猜测词义是早期阅读中的基本功，但如果严格地把这些技巧运用至页面上的每一个字词，会使阅读变得繁琐冗长。因此，为了掌握有效的阅读方法，学生必须将读音规则和字母编码牢固掌握，从而使他们的大脑对这些字母音的解码变得"自动化"（Kame'enui et al., 2002）。在这种"自动化"的方式下，学生的大脑能同时处理大量的字母、发音或词汇，并使阅读变得顺畅流利。教师正应该通过教学，使每位具有阅读障碍的学生在阅读过程中获得"自动化"能力。以下章节所描述的各种阅读项目（譬如由 AutoSkill 公司开发的 Academy of Reading 或 Fast For Word），都将重点放在如何使阅读的各个层面（包括音素自觉和音素掌控）自动而流畅上。

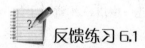

反馈练习 6.1

利用阅读研究中的主要观点

且慢，细想一下上述主要观点。几乎所有这些观点都被建议在教室里针对学困生和其他具有阅读障碍的学生来使用。你不妨反思下，在这些观点中，有多少是你在教学中使用过的？请记住，随着举国上下对阅读重视程度的不断提高，所有中小学教师都必须教授阅读技能，也必须在每一次的教学设计中强调这种技能。

对读写教学的日益重视

在过去十年中，对早期读写——而不是简单的阅读——的教学日益受到重视（Armstrong，2007；McCutchen et al.，2002；Shaker，2001）。读写教学关注的不仅仅是诸如语音及阅读理解这些单项技能（Bos，Mather，Silver-Pacuilla，& Narr，2000；Patzer & Pettegrew，1996；Smith，Baker，& Oudeans，2001），也关注那些能提高学生阅读水平的整体能力，譬如言说、书写、倾听的能力，以及运用这些读写技巧进行阅读和交流的能力等等（Winn & Otis-Wilborn，1999）。读写教学的重点落在读、写和语言三者之间的内在关系上，以及这些因素在人脑中是如何互相关联的。不过，这并不意味着具体的音素掌控、语音、猜读词汇或综合理解不被列入教学内容——恰恰相反，我们关注的重点应当是阅读的最终目标，即从书写词汇中引出意义，并将这种技能用于交流。

另外，现在的读写教学越来越重视提高阅读者的读写技能，而不只是简单地纠正他们具体的、单独的阅读缺陷（Dayton-Sakari，1997）。在大多数情况下，这会使大家关注音素的操纵技能，这种技能在以前并未被掌握；当然，大家也会关注读音规则的教学。史密斯等人（2001）曾将早期读写教学分成几个组成部分，并以此组成了一个有效的读写项目。请注意，下列各技能均重视对字母名和字母音的单独技能教学。

· 每天进行集中读写教学的时间的分配；
· 关于主要读写观点的持续的常态教学；
· 对新的字母名和字母音的明确指导；
· 每天对于听觉音素辨别、音素分离、音素合并的脚手架或辅助训练；
· 及时的纠错反馈；
· 每天在多重读写环境中对音素、字母音等新知识的运用；

·每天的复习。

关于这些技能，可能还需要再解释几句。首先，主要读写观点的教学可能包括在教学中把字母当作符号，或告诉学生所有的故事都是有结构的（譬如角色、情节问题以及高潮等），并将这些结构作为教学的基础。其次，第四点中的"脚手架"是指教师在帮助个体孩子提高阅读技能时所提供的援助。通常情况下，脚手架教学包括三个步骤：深入且个性化的阅读技能测试，教师为了使孩子掌握下一阶段阅读技能而实施的教学支持，教师有计划地撤除这些援助从而保证学生能独立掌握后续技能（Larkin，2001）。

读写教学的研究

与其他研究成果一样，在早期读写教学方面的研究促使我们对阅读有障碍的学生采取了强有力的基于语音的教学方法（Bender，2008；Bos et al.，2000；NICHD，2000；Patzer & Pettegrew，1996；Smith et al.，2001）。这种研究支持小组口头阅读，或曰"朗诵"。由于阅读取决于学生的语言能力，因此通过这种教学技能可以提高学生阅读的流利性。同时，之所以推荐使用朗诵训练这一方法，是因为学生在校期间经常在课堂上被指名进行朗读（NICHD，2000）。有关这一点，在下文中将会展开详细讨论。

另外，必须加大早期阅读教学的力度，也就是说，阅读技能的教学必须达到足够的强度，从而帮助学生达成早期阅读目标。研究表明，对在幼儿园以及小学一年级阶段落后于他人的阅读者而言，语音教学在对其进行的早期读写教学中显得尤为重要（AutoSkill，2004；Kame'enui et al.，2002）。事实上，缺乏早期语音教学的学生，常常在阅读方面落后。因此，在小学高段或初中阶段，对阅读有障碍的学生进行语音教学就显得很有必要。

麦卡琴等人（McCutchen et al.，2002）曾设计过一个实验，通过对西部几个州的 44 个班级的教师教学和学生学习进行调查，来研究教师是否在有意识地重视读写教学。研究者不仅测试了教师在读写技能方面的知识，也对教师的教学进行了观察，并对学生在语音意识、听力理解以及词汇阅读方面的成绩进行了记录。结果显示，教师在许多时候并未意识到当前对于读写教学的日益重视。不过，通过在工作坊的两周学习，教师能迅速意识到读写教学的重要性，同时也能掌握相关的教学技能。教师在之后的教学实践中使用了这些教学技能，学生的阅读能力因此得到了大幅度的提高。

　　来自这一研究（其他的研究也是如此）的一个好消息是语音意识是可教的——教师能学会这些教学技能，学生也能学会如何使用语音技能，从而提高他们的整体阅读水平。本书第二章及之后几个章节都详细阐述了其中的许多教学技能，其中第二章重点关注了语音教学。同时，这些结果证明，在这方面的充分教学，能提升学生的阅读能力（Kame'enui et al., 2002；Smith et al., 2001）。因此，随着教师对早期读写教学的日益重视，同时也随着他们对读音规则和语音教学的关注，各年段矫正预测的水平都得到了很大程度的提高（Bhat, Griffin, & Sindelar, 2003）。

　　进一步讲，从技术上说，语音教学也能进行得非常有效（AutoSkill, 2004）。目前已开发的众多电脑阅读项目，重点关注的是学生对音素的寻找、比较和使用的能力，这可以大大节省教师的教学时间。

反馈练习 6.2

开发读写教学系统

　　随着近年来对读写教学的日益重视，以及 2001 年联邦政府《不让一个孩子落后法案》的出台，至今已经开发出大量的综合性读写项目。这些新近开发的读写项目，包含了从早期语音教学到读写等一系列的技能。你不妨了解下由帕特丽夏·坎宁安（Patricia M. Cunningham）和多萝蒂·霍尔（Doroty P. Hall）开发的"四块项目"（Four Blocks program）（www.four-blocks.com），这是一个包括全部读写技能的综合性项目，其中的"四块"内容分别为：（1）指导性阅读，（2）自选阅读，（3）写作，（4）词汇训练。在北卡罗来纳州的一所学校中，关于此项目的早期研究的初步结果令人十分满意。

词汇游戏及早期读写能力的开发

随着对阅读研究的深入，同时也随着新的研究技术的出现（详见下文），我们对于阅读能力的开发以及阅读和语言发展之间的关系有了一个更为完整的理解。表 6.1 反映的是对这些互为关联的能力的开发情况。

表6.1　早期读写能力表	
口语发展	0—24 个月
音素辨别	0—11 个月
开口说话	6—11 个月
听从简单的口头指令	12—17 个月
开始用元音发声并使用更多的辅音	18—24 个月
喜欢故事阅读	18—24 个月
认识某些字母（如广告中的一些字母：麦当劳中的 M，家乐氏中的 K）	24—36 个月
能发较为复杂的音素	48 个月—8 岁
能讲故事	36—48 个月
开始认识字母编码（比如意识到字母代表某些具体的音）	48 个月—1 年级
开始阅读词汇	48 个月—1 年级
通过阅读短文理解意思	1—3 年级
开始理解较长文本的含义	1—3 年级

从表 6.1 中可见，对大多数儿童而言，阅读是与语言发展紧密相关的，在

这方面，学困生也不例外。不过，处于阅读障碍边缘的孩子，在这些方面的能力发展要晚于其他孩子。同样，听觉有障碍的儿童也不遵循上述能力发展顺序。但是，不管怎样，处于上表顶端的口语发展，几乎是每个孩子阅读能力发展所必需的语言基础。

另外需要指出的是，早在学校教育之前，非正规的阅读指导就已经开始了。在我们这个社会，孩子们（包括有阅读障碍的孩子）都明白 K 表示早餐麦片（没见到三岁大的孩子都会抢夺水池下面的碗柜中的麦片吗？），M 代表麦当劳。儿童生活在字母的世界当中，许多人很早就能领会这些字母的正确含义。当然，一旦孩子对这些字母发生兴趣，父母就应当介入这种词汇或字母游戏，为孩子日后的阅读训练作准备。最后，从入托前到小学阶段，教师应将词汇或字母游戏作为课堂教学中的一个趣味环节，这样做能大大提高学困生在课堂学习中的阅读能力，并将这种能力保持终生。

早期读写能力的测试

使用非正式的读写能力检查表

在综合性读写教学策略中，教师们都希望能使用读写能力检查表。这种检查表可以通过不同渠道得到，许多文献作者也提供了这种表。能力检查表包括了从早期的语音识别到高层次的阅读理解等一系列完整的阅读能力。不过，温（Winn）和奥斯蒂－威尔（Otis-Wilborn）（1999）建议教师在监控个体学生的读写能力时使用自创检查表，而不是阅读专家设计的检查表。自创表能对表中的项目进行个性化设计，从而与学生的需求和能力相匹配。样表请参见教学建议 6.1。

☞ 教学建议 6.1

读写能力检查表样表

姓名＿＿＿＿＿＿日期＿＿＿＿＿＿阅读材料＿＿＿＿＿＿

　　在听孩子朗读时，教师必须记录以下几项优缺点。通过对几次阅读活动的记录，孩子的阅读技能能得到较为完整的体现。在学年结束时，教师也要填写该检查表，使之成为一份教学之后的测试。

1. 猜测生词的努力＿＿＿＿＿＿＿＿＿＿＿＿＿＿＿＿＿＿＿＿＿＿＿＿＿＿＿＿＿＿
＿＿＿＿＿＿＿＿＿＿＿＿＿＿＿＿＿＿＿＿＿＿＿＿＿＿＿＿＿＿＿＿＿＿＿＿＿＿
＿＿＿＿＿＿＿＿＿＿＿＿＿＿＿＿＿＿＿＿＿＿＿＿＿＿＿＿＿＿＿＿＿＿＿＿＿＿
＿＿＿＿＿＿＿＿＿＿＿＿＿＿＿＿＿＿＿＿＿＿＿＿＿＿＿＿＿＿＿＿＿＿＿＿＿＿

2. 开首辅音困难＿＿＿＿＿＿＿＿＿＿＿＿＿＿＿＿＿＿＿＿＿＿＿＿＿＿＿＿＿＿＿
＿＿＿＿＿＿＿＿＿＿＿＿＿＿＿＿＿＿＿＿＿＿＿＿＿＿＿＿＿＿＿＿＿＿＿＿＿＿
＿＿＿＿＿＿＿＿＿＿＿＿＿＿＿＿＿＿＿＿＿＿＿＿＿＿＿＿＿＿＿＿＿＿＿＿＿＿
＿＿＿＿＿＿＿＿＿＿＿＿＿＿＿＿＿＿＿＿＿＿＿＿＿＿＿＿＿＿＿＿＿＿＿＿＿＿

3. 元音困难＿＿＿＿＿＿＿＿＿＿＿＿＿＿＿＿＿＿＿＿＿＿＿＿＿＿＿＿＿＿＿＿＿＿
＿＿＿＿＿＿＿＿＿＿＿＿＿＿＿＿＿＿＿＿＿＿＿＿＿＿＿＿＿＿＿＿＿＿＿＿＿＿
＿＿＿＿＿＿＿＿＿＿＿＿＿＿＿＿＿＿＿＿＿＿＿＿＿＿＿＿＿＿＿＿＿＿＿＿＿＿
＿＿＿＿＿＿＿＿＿＿＿＿＿＿＿＿＿＿＿＿＿＿＿＿＿＿＿＿＿＿＿＿＿＿＿＿＿＿

4. 辅音组合困难＿＿＿＿＿＿＿＿＿＿＿＿＿＿＿＿＿＿＿＿＿＿＿＿＿＿＿＿＿＿＿
＿＿＿＿＿＿＿＿＿＿＿＿＿＿＿＿＿＿＿＿＿＿＿＿＿＿＿＿＿＿＿＿＿＿＿＿＿＿
＿＿＿＿＿＿＿＿＿＿＿＿＿＿＿＿＿＿＿＿＿＿＿＿＿＿＿＿＿＿＿＿＿＿＿＿＿＿
＿＿＿＿＿＿＿＿＿＿＿＿＿＿＿＿＿＿＿＿＿＿＿＿＿＿＿＿＿＿＿＿＿＿＿＿＿＿

5. 多音节单词困难＿＿＿＿＿＿＿＿＿＿＿＿＿＿＿＿＿＿＿＿＿＿＿＿＿＿＿＿＿＿
＿＿＿＿＿＿＿＿＿＿＿＿＿＿＿＿＿＿＿＿＿＿＿＿＿＿＿＿＿＿＿＿＿＿＿＿＿＿
＿＿＿＿＿＿＿＿＿＿＿＿＿＿＿＿＿＿＿＿＿＿＿＿＿＿＿＿＿＿＿＿＿＿＿＿＿＿
＿＿＿＿＿＿＿＿＿＿＿＿＿＿＿＿＿＿＿＿＿＿＿＿＿＿＿＿＿＿＿＿＿＿＿＿＿＿

6. 显示自我纠正＿＿＿＿＿＿＿＿＿＿＿＿＿＿＿＿＿＿＿＿＿＿＿＿＿＿＿＿＿＿＿
＿＿＿＿＿＿＿＿＿＿＿＿＿＿＿＿＿＿＿＿＿＿＿＿＿＿＿＿＿＿＿＿＿＿＿＿＿＿
＿＿＿＿＿＿＿＿＿＿＿＿＿＿＿＿＿＿＿＿＿＿＿＿＿＿＿＿＿＿＿＿＿＿＿＿＿＿
＿＿＿＿＿＿＿＿＿＿＿＿＿＿＿＿＿＿＿＿＿＿＿＿＿＿＿＿＿＿＿＿＿＿＿＿＿＿

7. 显示理解＿＿＿＿＿＿＿＿＿＿＿＿＿＿＿＿＿＿＿＿＿＿＿＿＿＿＿＿＿＿＿＿＿＿
＿＿＿＿＿＿＿＿＿＿＿＿＿＿＿＿＿＿＿＿＿＿＿＿＿＿＿＿＿＿＿＿＿＿＿＿＿＿
＿＿＿＿＿＿＿＿＿＿＿＿＿＿＿＿＿＿＿＿＿＿＿＿＿＿＿＿＿＿＿＿＿＿＿＿＿＿

可以看出，相比传统的阅读教学课，这张非正式的读写能力检查表覆盖了更为宽泛的读写能力（在这张样表中是音素能力和语音能力）。这一点受到了许多读写教学拥护者的支持。当然，教师在使用这张检查表时，对其中的各项阅读能力要区别对待，使之能具体反映出不同学生的读写能力。对某些学生而言，表中的指标纯粹反映了他们的理解能力，而对另外一些学生而言，这些指标则既包含了解码能力（或猜词能力），又包含了理解能力。适合于中小学生的理解能力检查表，可参见教学建议 6.2。教师在使用这张检查表时，尽可根据学生情况增添或减少某些项目。

教学建议 6.2

小学生课文朗读理解能力检查表

姓名_____日期_____阅读材料_____

　　在听孩子朗读某个学科的课文时，教师必须记录以下几项优缺点。通过对几次阅读活动的记录，孩子的阅读技能能得到较为完整的体现。在学年结束时，教师也要填写该检查表，使之成为一份教学之后的测试。

1. 理解本章节与前后章节之间的联系_____
_____
_____

2. 阅读前，浏览本章节中的各级标题_____
_____
_____

3. 阅读前，浏览词汇表或相关问题_____
_____
_____

4. 理解文中插图及插图文字_____
_____
_____

5. 对章节文本中的相关信息进行预测_____

_____

_____

_____

6. 带着理解朗读文本_____

_____

_____

7. 阅读之后，能回答理解性问题，正确率达到 85%_____

_____

_____

DIBELS：基础读写技能的非正式测试

DIBELS（Good & Kaminski，2002）是一种针对早期读写能力的测试手段，具体内容可参见 Sopris West 出版社的出版物（科罗拉多州，朗蒙特市）。虽然我们在本书中不想讨论大量的课程及测试手段，但我们还是要推出基于研究的商用材料，因为这些材料能强化阅读测试以及对学困生的教学指导。正是从这点出发，我们建议从幼儿园到三年级的每位教师都能花点时间来研究一下这份早期读写技能的非正式测试。

DIBELS 是一种基于研究的测试手段，由于易于掌握，深得教师的喜爱。其中每个项目的完成时间大约只要 2～3 分钟，对早期读写教学而言，该测试手段使用起来非常方便（Langdon，2004）。

同时，DIBELS 包含了大量成功的读写案例中的早期指标（Haager，2002）。其中的四块"垫板"（stepping-stones）能精确表明哪些学生会表现出学习困难，哪些会最终成为阅读方面的学困生。譬如，进入幼儿园两个月的孩子应当掌握起始音分辨（即起始音的流畅性），这是判断他们初始认知能力的一种标准。如果孩子入园后几个月仍未能掌握起始音分辨，那么他们很有可能会在日后发展成为读困生（Langdon，2004）。其他几种"垫板"，正如表 6.2 所示，也代表了类似的标准：

表 6.2　DIBELS 的部分标准	
口齿清楚（起始音流畅性）	入园两个月
音素分辨流畅性	幼儿园末期
非词流畅性	一年级中期
朗读流畅性	一年级末期

　　DIBELS 基于这些标准对学生的行为进行测试，同时能精确预测哪些学生会在日后遭遇阅读障碍。测试还包括一些更高层次的阅读技能，如三年级的朗读流畅性等。其他 DIBELS 测试包括用词流畅性及复述流畅性（能流畅地复述故事是早期阅读理解的一项指标）等。同样地，学生只要能及时达到这些标准，就不大可能遭遇阅读障碍。不过，对那些没有及时掌握这些技能的学生来说，阅读障碍则很有可能发生。因此，如果教师要判断哪些学生具有阅读障碍，哪些可能会具有阅读障碍，DIBELS 是一种非常有用的工具，能对早期读写技能进行测试和了解。而且，随着全国上下对 RTI 模式的日益重视，许多州（如俄亥俄州和西弗吉尼亚州）已经把该测试当作一种对从幼儿园到小学三年级的学生进行筛选的工具。

大脑相容性阅读教学

　　随着全国上下对早期读写教学的日渐重视，我们注意到，关于人脑在阅读过程中是如何学会处理信息的研究越来越多。这一领域的研究——通常被称为大脑相容性教学——在过去 15 年中刚刚兴起，并主要基于医学的进步（Bhat, Griffin, & Sindelar, 2003；King & Gurian, 2006；Leonard, 2001；Prigge, 2002；

Sousa，2001，2005；Sylwester，2001）。

具体而言，目前已经开发出来的几种大脑测量技术能帮助我们进一步了解大脑的功能。首先，我们对于大脑的理解主要依靠功能性磁共振成像技术（fMRI）。这是一种非放射性技术，因而也是一种相对比较安全的大脑扫描技术，故当科学家对人脑行为进行研究时，被研究者可不受其影响，而专注于各种学习任务（Richards，2001；Sousa，2005）。

fMRI技术能对大脑在思维过程中对氧气和葡萄糖的消耗情况进行测试，根据该测试结果，医生能判断出在不同教学任务中，大脑哪部分区域最为活跃（Richards，2001；Sousa，2005）。目前，专家已经确定了一些大脑区域，这些区域分别与诸如语言、数学、听觉、运动技能的学习、倾听音乐，以及课堂讨论时的口头答问等具体学习行为相关联（Leonard，2001）。在此基础上，逐渐衍生出对学障生或其他阅读障碍儿童的研究（Sousa，2001）。

以下是该研究的一个具体实例。施威茨（Shaywitz）和他在耶鲁大学的同事们通过对29例阅读困难者和32例非阅读障碍者的大脑功能进行比较（Shaywitz et al.，1996）后发现，阅读困难者在朗读无意义的韵词（比如lete和jeat）时比较吃力，而正常的阅读者则在此方面无任何问题。接着，当阅读者在朗读时，研究者通过fMRI技术发现，相比正常阅读者，阅读困难者的大脑中与语言相关联的那部分区域并未被激活，但布洛卡区却又过度活跃——这一区域负责的是口语能力。由此，研究者认为，阅读困难者在其他区域不够活跃，而在布洛卡区"矫枉过正"，也正因如此，能够正常阅读的大脑与具有阅读障碍的大脑间，明显存在着功能上的差异。

最近开发的另一项大脑研究技术是超短超强激光与等离子体光谱影像（PEPSI）（Posse，Dager，& Richards，1997）。这一技术通过对大脑某些供氧不足的区域内乳酸变化的测试，来对这些区域内的活动进行测量。理查德等人（1999）通过对六位阅读困难者和七位阅读正常者的比较，发现不同人的大脑不仅存在着功能上的差异，在进行密集的、基于语音的阅读教学之后，大脑自我调整功能的能力也大相径庭。

不少研究者认为，当前的研究能帮助人们对教学提出具体的建议（Richards et al., 2000; Shaywitz et al., 1996; Sousa, 2005）。随着对学困生学习方式的不断理解，各地教师都开始根据大脑相容性教学原则，重新组织课堂教学（Goldstein & Obrzut, 2001; Leonard, 2001; Sousa, 2005）。虽然各家观点不同，但显然，教学建议 6.3 中所列出的十种针对大脑相容性课堂教学的策略，还是代表了在这一领域内的思想成就。这些策略能提高针对所有学生的阅读教学的效率，尤其是对那些阅读有困难的学生（Gregory & Chapman, 2002; Prigge, 2002; Richards, 2001; Sousa, 2005）。

 教学建议 6.3

针对大脑相容性课堂教学的十种策略

1. 提供一种安全的、舒适的环境。研究表明，大脑相当于一个过滤器。它首先有选择地吸收那些对我们的安全有害的声音、可视体及其他刺激物，而排斥其他刺激物。其次，它会吸收那些引起情绪反应的信息。只有在最后，它才处理那些新的、不引起伤害的学习任务的相关信息（Sousa, 2001）。因此，对阅读有困难的学生来说，他们不该受到学习环境中的危险因素或教室里的情绪刺激的干扰。不安全的课堂以及情绪上的刺激，会使他们的学习举步维艰。

2. 提供一种舒适的家具。为了创设良好的学习环境，许多教师都将家具带进教室，并用沙发或者椅子来为那些学困生建立阅读区域。在大脑相容性课堂内，教师还把灯光调节成类似于家里的灯光，据研究，趋于红色光谱的灯光具有唤醒大脑的功能。

3. 提供水及水果。研究表明，大脑的高效运转需要一定的"燃料"——氧气、葡萄糖与水（Sousa, 2001）。水是神经元通过大脑运动所必需的养分。除此之外，研究还显示，摄入一定量的水果能促进词汇记忆并提高记忆的准确度（Sousa, 2001）。因此，在大脑相容性课堂内，教师要经常性地为学生提供水和果脯。

4. 要求学生频繁应答。如果定期对学困生提出学习效果的要求，那么，他们所学到的东西就会多得多。这是因为一旦要求学生有所产出，他们在学习中就会更加投入（Bender, 2001）。这种学习产出可以是一系列的活动，譬如用图片的形式来展示 1860 年代中西部的农场概况，或者用独幕剧的形式来演绎独立战争中华盛顿是如何在新泽西特伦顿战役中渡过特拉华河的。

5. 尽可能地运用身体的运动来进行教学。在大脑中，运动技能的学习与高级思维的发展发生在不同区域内。运动技能的学习发生在小脑及运动皮层，而高级的学习和计划则发生在小脑额叶。由此可见，相比语言及其他高级功能，运动技能的学习发生在较为基础的，也较为低级的大脑区域。同时，大脑视运动技能为生存的必要手段，因为我们的祖先必须逃避捕食动物，也必须追捕猎物。其结果是，运动技能（如游泳、骑车）一旦学会，会比与运动无关的认知技能（如外语）更为长久地被记住。这意味着，只要有可能，教师都应将事实记忆任务与身体运动相结合，以帮助学困生进行记忆。

在一节小学生学习课例中，一位作者表达了如下基于活动的教学理念：学生之前读过一篇关于细胞壁具有保护细胞之功能的选文，而本节课的要求则是做一个教学演示，能显示细胞壁保护细胞免受细菌侵害的过程，同时允许各种食物酶进入细胞中。课堂一开始，三位学生面对面站着，将手肘紧紧地互相锁在一起以表示细胞壁。教师指出："细胞壁非常结实，能保护细胞。"接着，教师选择一个细菌（即另一位学生），让其尝试闯入细胞，但被细胞壁挡在外面了。教师继续指出："细胞壁能保护细胞不受细菌侵犯。"最后，教师让一位学生扮演一种良性的酶，慢慢地移向细胞壁并试图进入。此时细胞壁马上让她进入了！于是教师总结道："食物以及良性酶能进入细胞壁。"小学生一旦参与过这样的活动性学习，一定不会忘记其中的展示，因为他们对于这篇关于细胞壁功能的选文的理解，是建立在身体活动的基础之上的。

6. 强调视觉新意。人脑特别适合于在刺激物中寻找差异和独特性（Sousa, 2001）。在小学阶段的课堂里，教阅读的老师在使用作业纸或张贴其他材料时，应突出色彩、形状和尺寸。不过，为了使之成为一种有效的学习手段，教师必须同学生一起讨论：为什么材料的某些部分要涂上不同的颜色？这些涂色部分的重要性在哪里？对阅读有障碍的学生而言，阅读材料上的色彩或其他独特之处会使他们获益良多。教师应考虑为这些孩子将篇章中的每一个主题句都涂上颜色。

7. 利用说唱、韵文、音乐等形式，使学习具有新意。由于大脑内处理音乐、节奏的区域与处理语言的不同，因此，将材料的学习与音乐旋律或节奏性说唱相结合，能增强阅读记忆。大多数成人都能回忆起他们经常唱过的那首《字母歌》，其中的调子是与《小星星》（*Twinkle, Twinkle, Little Star*）一模一样的。许多学生到了高年级，还在用同样的旋律记忆其他内容（如数学加减法等）。

8. 增加等待时间。不同的大脑处理信息的时间各不相同，这与智商无关。当然，小学生都明白，老师问了问题之后，会叫前两个举手的同学来回答。一般来说，老师在叫同学回答问题之前，会等待 2～3 秒钟，这段时间被称为"等待时间"（Sousa, 2001）。不过，大脑研究表明，将等待时间延长（比如延长到 7～10 秒钟）是非常有必要的。时间的延长，能使这些阅读有障碍的学生有更多的时间来思考问题，并有希望主动举手回答老师的问题。这是因为这些孩子在处理信息时的速度相对较慢，也相对较为谨慎。

9. 增加学生的选择。施威茨（2001）曾指出让学生进行选择的重要性。简单地说，如果教师想要学生在离开学校之后能作出合理而明智的选择，那么，他们就必须在课堂教

续

学中为学生提供选择的机会，指导学生作出明智的选择。这些选择包括是否展示对学习材料的理解，或者在某一特定主题下对作业的选择。

10. 学生互助学习。教师应呈现一些材料，然后组织学生讨论分析（Sousa, 2001）。或者教师也可以让学生阅读一篇短文，然后组织他们两两讨论。一个比较好的办法是，每次阅读五分钟之后，就让学生对阅读料材进行讨论。

教师可运用以下课堂用语进行指导：

和你的同伴一起，对我们刚才所读到的篇章以及我所提到的四个问题逐一进行分析。我想知道你们能否就你们所读到的东西达成一致的意见。

在接下去的一两分钟时间内，教师巡视教室，倾听学生的讨论，并检查学生对所呈现的材料的理解是否到位。

反馈练习6.3

我的大脑相容性教学

结合你当前的教学，思考上述大脑相容性教学的十种策略。有关大脑相容性教学的研究虽然十分重视这些策略，但并非这些想法的起源。你可能已经在小组教学或全班教学中用这些策略来指导学困生了。那么你觉得这些策略中，哪一种最能代表你本年度的教学方法？哪一种你想更频繁地使用？越来越多的研究表明，我们对这些策略的运用越充分，我们的阅读教学就越有效。你想尝试哪一种新的想法？

基于人脑的阅读模式

虽然没有人会坚持认为教师必须成为"人脑研究专家"，但是，对人脑在阅读过程中的基本工作程序作一番了解，还是能帮助教师明白学困生所存在的各种阅读障碍的。正如前文所指出的那样，阅读是一个非常复杂的过程。我们认为，对学困生的阅读教学策略，应当置于大脑相容性教学越来越变重视这一大的背景当中。除此之外，苏泽（Sousa）所提出的阅读大脑模式能帮助教师理解此类教学，同时也能帮助他们为阅读有障碍的学生选择相应的策略或方法。这一模式见于苏泽的著作《特殊需求的大脑是如何学习的》（*How the Special Needs Brain Learns*）。在苏泽的阅读大脑模式中，大脑内有四个区域在同时工作，并似乎在积极参与阅读过程。这四个区域分别是：视觉皮层、威尔尼克区、角形脑回以及布洛卡区（Sousa，2001）。

在图 6.1 中，从左上方开始，大脑通过位于其后方的视觉皮层逐步理解单词 dog 的意思。实际的大脑区域见图中的大脑简图，其中包括左右两个半脑。视觉刺激物 dog 被传递至大脑中的几个部位，包括负责音素诠释的角形脑回（Josepho et al.，2001）。接着，布洛卡区和威尔尼克区将那些音素转换为有意义的发音、音素组合乃至词汇。而威尔尼克区一般来说是负责各种语言功能的，比如听觉转换、词汇理解及联想等（Soseph et al.，2001；Sousa，2001。）

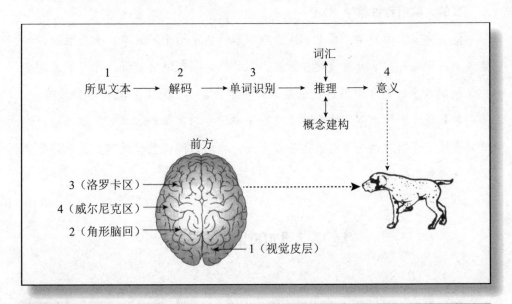

图 6.1 Sousa 的阅读大脑模型

资料来源：Sousa（2001）。

接下来，布洛卡区开始将发音转换为有意义的语言形式。这一区域不仅仅负责语言本身，也负责语法及句法，因而当它处理对单个词汇如 dog 的阅读时，它同时也在寻找和确定该单词的意义以及与之前读过的其他词汇的关联。正因如此，布洛卡区被认为是大脑中的语言区域，它赋予刺激词——dog 以具体的含义。

要注意的是，大脑这几个区域从一开始就积极参与了阅读过程，即从字形（页面上的字母）到音素（发音）的转换、诠释过程。即使学生的阅读是默不作声的，在阅读的初始阶段，这一过程也照样发生，当然，误译也会发生，从而导致阅读的错误。我们还必须认识到，在大脑这四个主要区域参与对词汇的解释、通过发声来对词汇进行解码并赋予词汇以意义的同时，眼睛和大脑仍然在不断地扫描页面，继续对其他词汇进行类似的处理。因而，随着学生阅读的不断进行，这种词汇阅读的处理过程每分钟都要重复许多次，眼睛和视觉皮层不断扫描词汇，并与之前所读到的词汇进行意义关联。由于在阅读中存在着这些心理环节，整个阅读过程将变得越加错综复杂。事实上，只要有一两个字母或单词读错，整个阅读就会变得混乱不堪。

反馈练习 6.4

教给学生人脑的工作机制

普利格（Prigge, 2002）认为，教师应该将人脑的工作机制教给那些学困生。即便是很小的孩子，通过教育，他们也能明白饮水、充足的睡眠、正确的饮食等的重要性；而大一点的孩子，通过教育，能对自己的学习风格和偏好进行简单的评价。了解自己的学习风格和偏好能帮助学障生了解如何学习文本材料，以及该如何准备考试。

想要把人脑的工作机制教给孩子，前述十大大脑相容性教学策略可以作为首选教学指导。同时，在网络上也可以搜索到大量的研究成果。譬如，网站

www.brainconnection.com 便提供了一系列大脑示意图，你可以以此来对大脑各部位进行识别，甚至还可以在此基础上（包括苏泽的大脑阅读模式以及该网站所提供的学习单）开设几节课，专门教授人脑是如何进行思维（或阅读）的。

对阅读存在障碍的学生来说，这种高度交互性的阅读过程随时都可能会产生阅读问题（Sousa，2001，2005）。这或许是因为他们在快速扫描中，以为句中所看到的单词是 bale，而不是 tale——在这个复杂的过程中，视觉皮层引入了错误的信息，从而很可能导致另一端的理解出错。同样道理，不管是威尔尼克区还是布洛卡区，只要词语阅读出现错误，都可能导致整篇文本阅读中的理解偏差。

由于阅读过程的复杂性，本书将根据上述大脑工作的基本程序，来重点阐述与各主要区域相关的教学策略。首先，阅读策略主要用以帮助学生掌握听觉处理解码技能，这一技能必须在阅读教学的初始阶段便让学生掌握。具体而言，第二章和第三章讲述了语音教学及字母拼读，其对应的两种技能在听觉处理过程中得到很好的体现，并在威尔尼克区和角形脑回这两个区域内发生；而第四、第五、第六三个章节，则主要讲述了低段阅读教学中的词汇发展、阅读流畅度及阅读理解，以及小学和初中阶段教学中的阅读理解问题。此处的阅读理解所对应的，是阅读过程中布洛卡区的后期介入。由此可见，阅读大脑的整个模型，是用来组织本书剩余几个章节的内容的，涉及不同阅读区域内的阅读策略。

人脑研究在阅读方面的发现

有了阅读大脑这一模型作基础，对阅读所进行的人脑研究就能产生一些具体的成果，并帮助教师更好地理解低、中段读困生的阅读行为问题。同时，这些成果强调人脑研究对阅读教学的贡献。虽然这些成果根本无法代表对阅读大脑的研究程度，但仍然引人入胜。更为要紧的是，这些研究表明，教师能决定如何在教学中管理那些阅读有困难的学生。

阅读问题可能是个语速问题

对读困生和学困生所做的人脑研究表明，大脑一旦在语音信息处理方面出现功能障碍，就可能导致阅读障碍。事实上，当研究小组利用电脑程序将单词的发音变慢后，有些读困生经过短短四个星期的训练所获得的阅读水平的提升相当于之前整整两年的训练所取得的效果（Tallal et al., 1996）。由此可见，他们的阅读问题源于大脑，同时又与时间相关——他们需要以比常速更慢的速度来聆听单词，以便有充足的时间来处理信息，即便是他们自己在阅读。这似乎表明，负责听觉处理的威尔尼克区导致了读困生的阅读问题。最近，大量基于语音的电脑阅读软件融合了这些发现，开发出一些实用的阅读课程。在这些课程中，教师能根据学生的阅读水平，调节音素或音节的发音速度，比较典型的有 AutoSkill 公司开发的 Fast ForWord 和 Academy of Reading 等软件。

阅读能力较差的学生往往更加努力

作为教师，我们有没有告诉过学生应当在阅读方面"更加努力"？虽然鼓励学生在阅读方面多花点精力是必需的，不过最近的人脑研究表明，学困生教师的这种说法未必正确。对大脑的扫描显示，阅读能力较差的学生，其大脑内的前额叶活动要远甚于阅读能力较好的学生。事实上，这些数据表明，相比之下，阅读能力较差的学生在解码方面所付出的努力要更多。举个例子来说，许多在阅读方面存在问题的学生通过默读的方式，对他们所读到的词汇进行正确的解释（Sousa, 2001; Tallal et al., 1996）。这项工作需要额外的大脑处理过程，我们只要对许多读困生进行 fMRI 技术分析后就可以明白。

这就意味着，教师或家长平时针对学生阅读问题常说的那句"要更加努力"

需要被重新定义。对于阅读能力较差的学生来说，他们并不像阅读能力较好的学生那样，对字母具有自动识别的能力，也正因如此，在许多方面，他们所付出的努力要远甚于其他学生。

对于该研究结果还有一点需要指出的是，由于缺少对字母的自动识别能力，许多阅读能力较差的学生的阅读问题往往会不断积聚。因此，如果学生尚未具备对音素、字母或字母音的自动识别能力，他们在小学和中学阶段就会遭遇越来越多的阅读问题。

发音相似的字母容易混淆

在最初的解码过程中，大脑基本上是对具体的字母进行发音，即将音素转化成字形。这一过程万一不成功，就会导致阅读问题。早期对读写困难的研究主要集中于字母混淆这一视觉处理问题（譬如字母 b 和 d，由于字形相似而导致混淆），而最近的研究表明，角形脑回，也就是对发音相似的字母进行解释的区域，是导致某些字母混淆问题的源泉。字母 b 和 d，除了字形上相似之外，在读音上也十分相似，一旦角形脑回将单词或文本中的一个字母错译，那么阅读错误就在所难免了。因此，之前我们认为读写困难是一种视觉辨别上的问题，即两个字母在字形上的混淆，现在看来，这事实上是一种因为发音类似而导致的听觉辨别问题。在这种情况下，"读写困难"一词顿时有了全新的意义，即基于语言的阅读问题！

非语言缺陷会导致某些阅读问题

我们以为大部分的阅读问题都是由语言缺陷引起的，亦即语言问题导致了阅读问题。不过，现在我们知道，非语言问题（即非语言缺陷）也能引起阅读问题。莱特、鲍恩和泽克尔（Wright, Bowen, and Zecker, 2000）认为，在对连续声音的理解过程中，听觉上的问题会引起阅读障碍。事实上，在阅读篇章时，儿童可能是默读的，如果某些声音在听觉记忆中留存过长，它们所对应的字母可能会叠加在其他字母之上，从而引起严重的阅读混淆问题。这个问题发生在听觉处理的威尔尼克区，并导致阅读中的大量错误。

某些阅读干预会带来人脑的显著变化

研究表明，阅读始于音素（Sousa，2005），这是因为大脑可以脱离字母而直接对音素进行探测与解释。在聆听他人讲话时，大脑一直在探测音素，因此，从根本上说，阅读始于对他人语言的聆听及对自身语言的生成。毫无疑问，对阅读的有效干预能提高大脑的处理能力。但是，直到最近我们才开发出各种技术，使得神经科学家们能够对那些大脑功能上的变化进行测量（UniSci，2000）。譬如，直到最近，研究才显示，只要通过语音驱动教学法进行 15 次两小时阅读教学时段的训练，就能引起脑功能的实际变化，而这一教学法是一种对口头词汇和笔头词汇的结构进行分析的系统教学法（Richards et al.，2000）。目前，我们已经能够运用大脑功能测量工具，知道哪一种阅读干预程序效果最佳，同时也知道所有的阅读程序都必须基于语音。关于这些令人激动的发现，本章之后还将陆续呈现。

上述发现，只代表了少数值得注意的人脑阅读研究成果。我们把这些成果呈现出来，只是想借此说明强大的新技术背后的观点和理念。事实上，许多研究者已经认识到其他阅读问题，而这些问题目前都能用最新开发的 fMRI 技术进行识别（Joseph et al.，2001；King & Gurian，2006；Leonard，2001；Richards et al.，1999，2000；Shaywitz et al.，1996；Sousa，2005；Tallal et al.，1996），该研究领域将继续帮助我们理解在读困生中普遍存在着的阅读问题。

RTI：一种遍及全国的模式

什么是 RTI？

随着对阅读大脑的最新研究，以及全国上下对阅读教学的日益重视，如今的教师都必须了解最新兴起的 RTI 教学模式。这一模式，通过诸如 Reading First 这样的软件，已经成为遍布全国的阅读干预模式，并得到了联邦政府的准许，成为一种对学困生进行鉴别的手段（Bender & Shores, 2007）。尽管 RTI 能用于辨别学生的学习障碍，但正如下述，其基本重点仍是放在障碍诊断前对阅读问题的矫正之上。

传统上对学习障碍的辨别是通过记录某个儿童的 IQ 分值与其阅读成绩之间的差异来完成的。尽管在 90% 以上的情况下，我们会参照孩子的其他学业成绩，但对学习障碍的诊断，主要还是基于其阅读缺陷（Bender, 2008）。简单地说，如果一个孩子的 IQ 分值远远高于其阅读成绩，同时 IQ 子测验显示，这个孩子存在着各种听觉或视觉处理问题，那么我们可以相信，他一定存在着学习障碍。许多年来，不少研究者对这种诊断方式很不以为然。2004 年，联邦政府通过一项法规，允许使用另一种模式，即众所周知的 RTI 模式。值得注意的是，联邦政府的法规并没有对 RTI 进行授权，而只是允许其作为一种鉴别学习障碍的方式。随后的研究（Barkeley, Bender, Peaster & Saunders, 待出版）显示，大部分州都在本州范围内实施 RTI，或进行先导性试验，并将 RTI 作为一种鉴定学习障碍的工具。

在实施 RTI 时，学校需要将儿童对几种基于科学的教育干预的回应情况记录下来。大家都希望有更多的教育干预来满足大部分儿童的需求，使之不被认定为具有学习障碍。不过，一旦儿童对其中两项或更多的阅读干预产生不了任何回应，那么这个儿童就有可能被怀疑具有学习障碍。

RTI 是什么样的?

标准的 RTI 模式可以通过金字塔模型进行描绘, 其中包括多层级的教学干预 (Barkeley et al., 待出版; Bender & Shores, 2007; Fuchs & Fuchs, 2007; Kemp & Eaton, 2007)。大多数模式具有三种干预层级 (如图 6.2)。多层级的目的在于使孩子有较多机会来对基于科学的阅读课程进行回应, 其中的教学形式可以最优化, 并能与教师手册中的教学方法相一致。为了保护孩子的兴趣, 同时为了防止仅靠一种辅助教学干预来对学习障碍进行诊断, 无论是各州所实施的模式, 还是参考指导书中所描述的模式, 都要求在诊断学习障碍之前, 组织至少两种辅助教学干预 (Barkeley et al., 待出版)。上述多层级的教学干预能保证儿童有充足的机会对教学进行回应。

在 RTI 实施过程中, 首先由普通教育的教师鉴别出在阅读方面举步维艰的学生, 而后为其提供辅助性的密集指导, 也就是所谓的第一层级干预。注意, 这种干预应当是辅助性的, 不能用来替代阅读教学, 同时, 与为全体普通教育学生提供的干预相比, 它更为密集。正如图 6.2 所显示的那样, 为全体普通教育学生提供的干预能满足大约 80% 学生的教学需求。

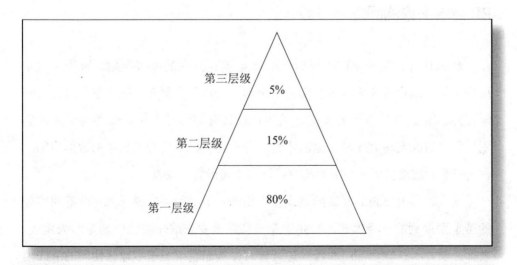

图 6.2　RTI 干预金字塔

虽然多数学困生的大部分学习需求都能在第一层级的干预中得到满足，但某些学生的进步依然不够明显，即便教师为他们提供了辅助性干预。像这样的学生，就需要第二层级的、更为密集的干预，其中包括每天在额外时间开展小组教学。在某些学区，第二层级的干预由学生援助小组来完成。虽然这种干预是由普通教育的教师来实施的，但大多数学区还是为教师提供了足够多的支持，使之能为少数学生提供更为密集的干预。尽管有人希望能有 20% 的学生进入第二层级的干预，但是这一层级的干预只能够充分满足约 15% 的在校生的需求（Bender & Shores，2007）。

最后，如果学生在两个干预层级中都未能取得进步，那么，他们就需要进入更为密集的干预层级了。在某些时候，学校将第三层级的干预看作特殊教育背景下的教学干预，因此，只有当儿童被确认为学障生后才为其提供这种干预。然而，另外一些学区则把这一层级的干预看作普通教育背景下的教学干预，只是其强度要比前两个层级要大，因此这一层级的干预仍然由普通教育的教师来实施，当然，这其中会有搭班的阅读专家或全纳教师提供相应的援助。据估计，大约有 5% 的学生需要进入第三层级。

RTI 需要考虑的问题

教师在计划实施 RTI 干预时，必须意识到其中的诸多问题。首先，这是历史上第一次由普通教育教师实施的干预，而这种干预对于确定学生是否具有学习障碍起到至关重要的作用。虽然普通教育教师几十年来都参与了障碍鉴别，但只有在实施 RTI 时，他们才为障碍鉴别提供了两种最关键的数据中的一种——第一层级目标干预下的儿童日行为或周行为记录表。

其次，目前实施的 RTI 的模式各不相同。举个例子来说，德克萨斯州实施的是上面提到的三级模式，而乔治亚州和北卡罗来纳州实施的则是四级模式。教师必须与本州教育部门和校区进行核对，从而获得关于本地区使用的 RTI 模式的详细信息。

　　还有一个问题是，普通教育的教师如何才能安排出时间来实施这些额外的干预活动？在一个典型的三年级班级里，24 位学生中可能有 5 ～ 6 位学生存在着阅读困难，他们需要第一层级的干预，而这种干预是在正常的阅读教学之外进行的。普通教育的教师除了要提供干预，还必须监控这些学生的日行为或周行为，并每隔几周将这些数据（一般采用坐标轴形式，其中 X 轴表示日期，Y 轴表示成绩）汇报给学生援助小组。因此，对他们来说，最关键的是要挤出时间来做这些事。好在现在的技术可以帮助他们做到这一点。一旦教师确认了需要第一层级或第二层级干预的学生，他们就能够找到并运用相应的电脑阅读软件。这样，教师可以一边在班上上课，一边让这 5 ～ 6 位学生通过电脑辅助教学来获得相应的阅读技能。

　　最后一个需要考虑的问题是治疗准确度，也叫治疗有效度。这相当于回答如下问题："孩子所接受的教学是必需的吗？它是否与用于课程设计的教师用书相一致？"显然，即便是最科学有效的课程，一旦教学失误，也将会是无效的。如果教学实施不恰当，学生当然也不会有恰当的机会来对此进行回应了。因此，教师必须解决 RTI 模式下的治疗准确度问题（Bender & shores，2007）。

　　从以上讨论中我们可以发现，在 RTI 的实施过程中，许多问题尚未得到解决，因此，不同的学区很可能采用不同的方法来实施 RTI。可以明确的是，在判断对疑似学障生的阅读教学是否有效的过程中，普通教育教师的作用将会越来越明显。因此，教师都必须时刻准备着。

　　本书的一大目的是描述在阅读领域中的各种 RTI 类型，并将之与阅读策略相关联。这些案例研究因各个章节的内容而有所差异。譬如，下一章讲述的是基于语音的干预层级，而之后几章则分析用以处理音素、阅读流畅度或阅读理解的 RTI。同时，本书还将呈现大量的教学方法，这些方法是 RTI 实施过程中的干预基础，能帮助普通教育教师更好、更彻底地实施 RTI。

结　论

本章介绍了有关阅读技能培养的一系列研究成果，同时也介绍了能应用阅读教学策略的几个领域：早期读写教学、大脑相容性教学以及 RTI。关于这些领域，我们推出了一些总体的研究成果，并形成本书将要讨论的几个主要策略。另外，在本书剩余章节中，我们将继续深入探讨 RTI，并提供一些基于研究的阅读策略及其在 RTI 中的应用方法。接下来的每一章节将包含至少一个 RTI 案例，使之能成为教师实施 RTI 的参照模板。

第七章
数学干预综述 [1]

保罗·里柯密尼
布拉德利·威策尔

基于 RTI 框架下的数学干预教学对学生的学习有着积极的影响。要想取得预期的学习效果，便需选择适当的干预措施并巧妙地加以实施。如果数学干预的设计不合理，实施时间不恰当，那么一无所获的不是学生，而是 RTI 本身。我们认为，如果二级或三级干预仅被用于家庭作业或其他课外独立练习，那么实施 RTI 无异于浪费时间。除此之外，如果课程选择不当，且/或教师一知半解或毫无准备，实施 RTI 也将是浪费时间。确切地说，在这种情况下，无论教学还是干预，都无从谈起。

> NMAP 提请大家注意：有责任的数学教师，必须具备过硬的数学能力。

数学干预应通过每日详尽而系统的基于研究的教学和课程（包括针对学生具体薄弱环节的过程评价及过程监控）来实施。可以将第二、三级的学生进行分组，从而使教学授递具有更多的可供选择的方式。当学生被置于渐进式的干预层级时，为适应个体需求，小组的规模要缩小。唯其在小型的组中，学生才能组成同等水平的群体，个体被教师点名的次数才会增加，从而增加互动机会及个性化反馈，生成更多的非正式评价。除此之外，缩小小组规模还有利于对课程内容的调整和改编。

---

[1] 选自保罗·里柯密尼和布拉德利·威策尔所著的《数学RTI》（*Response to Intervention in Math*），科文出版社，2010 年。

例如，在一个有 25 名学生的班级里，教师可能会花费大量的时间和精力来确保每位同学都在阅读同一个页面，都在完成同一项学习任务。如果一小部分学生没有跟上或无法跟上，教师就得判断这些学生到底犯了哪些错误，并及时作出调整，而同时教师又必须使班上其他同学的学习步调保持一致，这令教师十分为难。相比之下，在一个只有六名学生的二级干预班里，教师更有可能注意到个别学生的问题并立即作出教学调整，从而使学生能获得学习技能。而在第三层级，由于班级和小组的规模更小，因此其课程、教学和评价都是针对每位学生的即时需求而进行个性化设置的。

RTI 最初以白皮书的形式被政府授权，而后，在 2004 年，又以法案的形式呈现，从那以后，关于数学干预的研究越来越多。有些研究项目的成果显示，二级干预是有效干预；而另外一些研究成果则认为，对所有学生而言，一级干预才是最有成效的。由于众口不一，本书所引用的研究，只是针对第一层级的教学，亦即对学困生所采取的全班规模的课程和教学，同时我们也关注对小组课程及教学的研究。本书的侧重点在于，通过高效的干预手段，预防学生的学习障碍。就这点而言，第三层级的修正被认为是更为深入的干预行为。RTI 的重点是对学习障碍的预防，可选择毕业课程，非学历教育以及工作研究干预，并非其关注的重点。

谁需要干预？

在思考哪些人需要数学干预时，我们必须考虑很多因素。不少人关注的是学困群体，诸如社会经济地位低下的人（SES）、妇女、记忆力有问题者，以及多动症患者。事实上，任何人都会在数学上遇到困难。数学不像其他学科，它非常复杂，而且难度不断增加，要求也在不断提高。因此，我们有必要通过筛选数据，根据学生的特点给出个性化的教学建议，同时还必须注意到学困生的年段差异。如果一个幼儿园学生或者二年级的学生刚入学不久就在数学方面举步维艰，那么对他们的数学干预就势在必行。早期在概念学习上的不足会对他们未来的数学学习造成影响，因而，应当立即给予他们有效的学习干预，以使他们日后的学习能够成功。另一方面，早期干预固然重要，但小学高段到初中阶段的教学干预也不容否定。事实上，随着学生进入更高年段，数学难度会不断增加，因此需要更为复杂、深入的干预。

数学干预中教什么？

某些成套评价测验系统有助于准确查找到学生的弱势领域，而明确干预的内容是干预成功的关键。有些成套测验提供了详尽的描述，而有些却没有。如果成套测验提供的只是一个百分比或者其他形式的比例，那么它们其实对我们的干预起不到指导作用，而只是告诉我们什么样的人需要干预介入。

典型的数学干预研究领域，正如预评估所明确的那样，应包括数字意识、计算、分数/小数/比例、代数方程和问题求解等。那些很早就在数学学习上表现吃力的学生，往往在对计算、量的换算或者大数计算、数及数值分类、十进位制、四则混合运算等数学常识概念的理解和运用上困难重重。如果他们在数学方面步履艰难，我们就有必要对他们进行小数、计算以及问题求解等方面的干预了。如果这些问题到了中学依然未见好转，那么，对他们进行代数概念等方面的干预也十分必要，譬如方程、分数、小数、比例以及负数计算等。

谁来实施干预？

无论在哪一所学校，干预实施者可以是普通或特殊教育教师，也可以是数学导师，甚至是教学助理（Gersten et al., 2009）。无论是谁实施干预，都需要接受培训，以便了解干预课程，明白如何把教学干预有效地传递给学生，

> 教师对学生的数学学习至关重要，教师不同，学生在数学上获得的成绩也会有本质上的不同。
>
> ——NMAP(2008)

并通过评价程序确保为学生提供告知式教学法。此外，干预者还必须掌握学生所在年级前后一年的课程内容知识，了解课程设置情况，从而为学生制定合适的学习目标，并处理好学生的学习材料。

在哪里实施干预?

实施干预的区域应免受干扰。注意力分散或受到同伴干扰的学生，很难让自己专注于学习而不受他人影响。因此，以前那种仅有一面墙壁可以随意出入、供百十号人每天下午玩球的休息室就不适合实施教学干预。在过去 20 年中，特殊教育经过了漫长的时间，才使得课堂教学与普通教育几无二致。可以想象，当初为了找到教学干预的场所，有些学校甚至重新开放了笤帚室。教师最好能找到一间最有利于学生学习的教室，而不是随便弄一个方便的地方作为干预室。阅览室虽说可以容纳一位老师和六位学生，但那里未必适合于学习。实施干预的地方最好不受干扰，能施以恰当的技术手段，并且足够宽敞，能容纳学习小组并进行教学活动。图 7.1 是 IRIS 中心（n.d.）的一个座位安排实例。

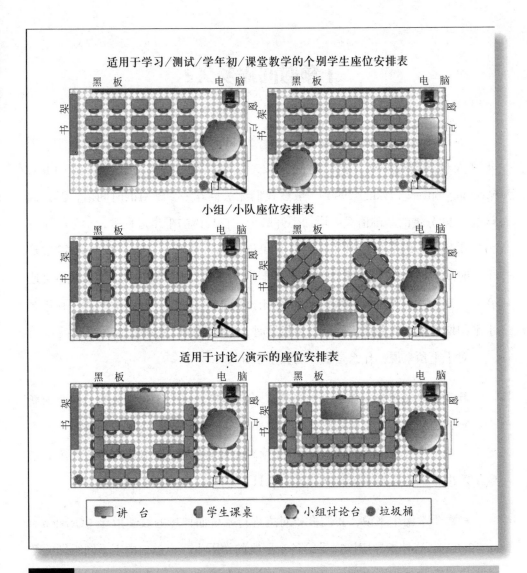

图 7.1 班级教学及小组干预座位安排表样例

资料来源：Courtesy of the IRIS Center，Peabody College。

干预时间需多久?

干预的实施应保持在每周 4～5 天，并且每次时间至少为 20 分钟。多年来大量的研究表明，指导时间越长，学生成绩的提高也就越明显（Ellis，Worthington，& Larkin，1994）。虽然我们无法推荐一个绝对的时间值，但我们认为，20 分钟的基础值只许增加不许减少。在具体的干预过程中，学生的注意力集中程度以及教师的教学传递效果可能会有些许变化。在某些中学的班级，干预时间会被预设为 50 分钟，这当然不错，但在干预指导时，一定要记得迅速变换活动，并保持互动频率，从而吸引学生的注意力。只有当学生达不到年级水平预期标准，或者还需要进一步指导时，才能对他们实施干预。

对于干预来说，什么是最好的教学指导呢?

教学指导必须基于高品质的研究，并且尽可能地基于优秀教师的职业判断和经验。这种高品质的研究并非要证实教学指导应完全以"教师为中心"，或者完全以"学生为中心"。而是提出一些特别的指导方法，以便在特定情况下能对学生产生积极的影响（NMAP，2008，p.11）。

对数学学困生来说，我们需要对之进行系统而详尽的教学指导（Gersten et al.，2009）。这种指导应该提供给各个层级的学困生，不过，由于不同级别的教学指导具有很多相同之处，因此需要为每一个递进层级分配额外的时间，以便让学生获得更多的课外练习机会。格斯滕（Gersten）和他的同事们认为，教师应通过清晰的例子和示范，为学生提供更多的练习和互动机会，同时也为他们提供更精细的反馈以及对有声思维的不同运用方式。教师在第一级所采用的有声思维，到了第二级，可以更为深入地运用。无论师生，都须充分运用有声思维。长期的研究表明，思维过程和理解是随着有声思维而变得有效的，对于学困生来说尤其如此（Baker，Gersten，& Scanlon，2002）。

对于不熟悉该模式和研究的人来说，运用有声思维可能是一种笨拙的教学方法。但是，这种方法却十分高效，尤其对那些尚未找到解决问题方法的学生来说。因此，教师掌握这种技能十分重要。在运用有声思维时，需记住以下几点：第一，需要清晰、简单地列出解决问题（最好包括一些与之类似的问题）的先后步骤；第二，学生希望看到整个问题的完整解答过程，因此最好在没有学生互动的前提下，先针对至少某一个完整问题进行有声思维的示范；第三，考虑到学生的实际情况，应当对个体或小组给予必要的脚手架，使之能重复操练；最后，要为学生提供练习机会，使他们能记住步骤，准确而独立地进行有声思维训练。

在图 7.2 中，教师正在演示不借位减法中的整数法。当把问题写在黑板上的时候，用语言表述其推理过程比简单地把问题读出来要更具效果。教师在运用有声思维示范问题时，应让学生重复该思维过程。这一额外的步骤会延长教学时间，但对那些记忆力一直有问题的学生而言，这样的额外活动物有所值。

在提高互动频率的过程中，教师可使用一些简单而先进的技术来提高学生的课堂参与度。最新的课堂应用技术之一是交互式白板技术。SMART 电子白板以及其他互动平台能通过各种方式增加学生的投入度。学生可通过便携式键盘回答多项选择题，也可直接将答案写在便携式文本编辑器上。有人认为，自由讨论会导致学生的情绪低落并削弱他们自身的努力。恰恰相反，只要使用得当，学生都能通过讨论从其他同学那里获得清晰的解题思路。在很多情况下，学生反而更希望从同伴那里而不是从教师那里得到答案，为此，教师需要教会学生如何提供积极而有用的反馈意见。

由于同伴互动和信息反馈的不断增加，同伴互助学习策略（PALS）使得数学和阅读的教学成效显著。就数学而言，福斯、福斯和卡恩斯（Fuchs, Fuchs, and Karns, 2001）就发现在幼儿园运用同伴互助学习法能使孩子成功达到学业测试水平。在运用同伴互助学习策略时，将两个水平略有差异的孩子组成一对，让他们互相帮助，时间为每周 3～4 次，每次 30 分钟。如果学生的数量是奇数，也可以组成三人小组。干预的侧重点在于对所学知识的训练，并根据学生的需求单独安排。在两人小组中，每个成员轮流扮演指导者角色。除此之外，各成员均被置于过程监控之中。如果想要了解更多关于 PALS 数学研究的信息，可浏览网址：http：//kc.vanderbilt.edu/pals/library/mathres.html。

A

253
−75
200+50+3
−70−5

师生共同运用有声思维第一步
师：253 等于 200 加 5 个十再加 3 个一。
生：253 等于 200 加 5 个十再加 3 个一。
师：负 75 等于 7 个负十再加上 5 个负一。
生：负 75 等于 7 个负十再加上 5 个负一。

B

200−20−2

师生共同运用有声思维第二步
师：我从左边往右边算。
生：我从左边往右边算。
师：我发现 200 没计算。
生：我发现 200 没计算。
师：因为负号相当于减号，因此 5 个十减掉 7 个十就等于负 2 个十。
生：因为负号相当于减号，因此 5 个十减掉 7 个十就等于负 2 个十。
师：因为负号相当于减号，因此 3 个一减掉 5 个一就等于负 2 个一。
生：因为负号相当于减号，因此 3 个一减掉 5 个一就等于负 2 个一。

C

200
−20
−2
178

师生共同运用有声思维第三步
师：现在，200 减 20 等于 180。
生：200 减 20 等于 180。
师：180 减 2 等于 178。
生：180 减 2 等于 178。
师：答案是 178。
生：答案是 178。

图 7.2   师生运用有声思维法并用整数进行解题的逐级过程

如何组织干预课程?

干预者/教师应能从测试中获取一些关键信息，了解学生到底是因为缺乏什么而无法通过普通教育课程。有了这样的关键信息，教师就可以分步设计课程，帮助学生达到学习目标。分解教学的方法之一是任务分析。任务分析一直以来都被认为是完成艰巨任务的一种有效方法，具体而言，是将大任务分解为几个合理的、有序的、可习得的小模块（Witzel & Riccomini, 2007）。在特殊教育中，任务分析法往往被用于教会低发（low-incidence）特殊教育人群掌握生活和工作的技能。教师首先教给学生的是做好某事的第一小步，对于数学干预也是同样的道理。譬如，对于二年级学生而言，要想掌握两位数的加减法，他们不仅要知道加减法公式，为了学会借位法，还得知道加减法背后的推理论证以及位值等知识。教师要对两位数加减法这样的标准公式进行教学，最好的方法就是分析公式，以确保学生理解其含义，同时教会他们所有相关的前置性知识。由于担心教学时间，同时也考虑到同步指导的需要，第一层级的有些教师未必会把课程分解成时间节点，但到了二级和三级干预，因为有了更多的指导时间，也因为许多课程干预并不需要严格的同步指导，教师就能够运用任务分析，将课程分解成最适合学困生学习需求的"婴儿步"。

有一种策略能帮助教师和课程分析师通过对课程的任务分析，更为准确地达到预期效果，并最大程度地满足学生的需求。该策略是通过一种最优化（OPTIMIZE）手段来实现的（Riccomini, Witzel, & Riccomini, 待出版; Witzel & Riccomini, 2007）。OPTIMIZE 的八个步骤能帮助教师检测、调整当前课程，减少不必要的螺旋式活动，其步骤为:

1. O——在教学前对教材章节中的数学技能进行汇总;
2. P——将你的任务序列与教材内容相配对;

3. T——记录共性及差异点；

4. I——检查前后章节是否涵盖不同点；

5. M——对照辅助指导材料，确认是否包括不同点；

6. I——确定可以补充当前教材或课程的辅助教学；

7. Z——全力排出新知识点的最佳序列；

8. E——每年对序列进行测评并加以改进。

表 7.1 显示了 OPTIMIZE 对课程的具体实施方法。在此样例中，二级干预师亨特夫人正在处理一群学生的干预需求，这些学生需要学习上述两位数加减法的技能。在研究教材时，亨特夫人注意到，空间关系和时间表达这些似乎与课程毫无关联的技能是课堂内重要的话题，有了这两个话题，上述技能不必再单列课时进行教学。除此之外，加减法在学生课本中交替出现过几次。在浏览备用教材时，亨特夫人极少看到与课程无关的额外技能，但教材本身却并未呈现某些概念，譬如基本性质等。亨特夫人没有去选择某一种教材，而是对直接与两位数加减法相关的数学技能的序列进行了任务分析。这种分析要求她在二

表 7.1 OPTIMIZE 在代数章节中的教学序列样例

教材中的章节顺序	备用教材	新的教学序列
1. 在数轴上的实数比较；	1. 数轴线上的实数排列；	1. 整数知识的前测试；
2. 在数轴上的整数加法；	2. 正加数的整数加法；	2. 整数的排列；
3. 在数轴上的整数减法；	3. 正负数的整数加减法；	3. 数轴线上的整数加法；
4. 在矩阵中的加减法；	4. 带有一个正积数或正商数的整数乘除法；	4. 数轴线上的整数加减法；
5. 整数乘法；	5. 带有两个正负加数或商的整数乘除法；	5. 正负项的规则；
6. 运用分布特性简化表达式；	6. 整数在现实生活中的应用。	6. 整数乘除法；
7. 运用实数除法简化表达式；		7. 分布特性及表达式的应用。
8. 解决事件中的概率问题。		注意：包括整个单元中的现实生活情境，同时保持每个章节中的连续技能。

注：上表只是一个序列样例，而并非唯一或正确的序列。教学序列应基于州标准、课程及教学材料，最关键的是基于学生的教学需求。OPTIMIZE 由威策尔和里柯密尼于 2007 年开发。

级课堂内进行教学时，对学生所处的阶段作出正确评估，以便明白应该从序列的什么位置开始教学。

二级和三级干预应使用哪些课程策略?

在二级或三级干预中，我们可以通过几种教学方法来呈现课程。虽然该研究刚刚起步，但已经有足够的证据证明这些干预策略的有效性。经实验和证据证实有效的干预策略有：应用题显性教学（Wilson & Sindelar，1991）、计算（Tournaki，2003）、应用题可视化表现法（Owen & Fuchs，2002）、应用题图示问题解决法（Xin, Jitendra, & Deatline-Buchman，2005）、分数教学中 CRA 顺序教学法（Butler, Miller, Crehan, Babbitt, & Pierce, 2003）、代数（Witzel，2005；Witzel, Mercer, & Miller，2003）和计算（Miller & Mercer，1993），以及分数计算中的元认知策略教学（Hutchinson，1993）等。除此之外，在过去的 30 年中，在对学习的研究发现作了元分析之后，贝克、格斯滕和李（Baker, Gersten, and Lee，2002）以及美国国家数学委员会（NMAP，2008）和 RTI 数学实践指导委员会（Gersten et al.，2009）都对这些教学及课程干预方法进行了论证支持。

众多研究表明，可视化及具体表征的教学法应被纳入教学，我们不该忽视这一点。CRA 以及可视化表征是教会学生复杂任务的重要策略。NMAP（2008）和 RTI 数学实践指导委员会（Gersten et al.，2009）都支持使用 CRA，正是因为其效果非常显著。CRA 是一种三步学习法，学生首先通过具体事物交流来进行学习（见表 7.2），随后用同样的步骤，利用图形演示进行解题，最后再次用同样的步骤，利用抽象符号或者阿拉伯数字进行解题。学习的各个环节都采用了同样的步骤，这一点非常重要，只有这样，学生才能学会解题的步骤。

表7.2　CRA 教学序列		
例8：一套用于解决单变量方程式的具体的、可视化的以及抽象的陈述法。		
$3 + X = 7$		
利用具体教具解等式（杯子和小木棍）：	利用杯子和小木棍的可视化图形解等式：	利用抽象符号解等式：

具体步骤：

A. 3个小木棍加一组 X 等于 7 个小木棍。

B. 等式两边各减去三个小木棍。

C. 等式现在被读作一组 X 等于 4 个小木棍。

D. 等式两边各除去一组。

E. 一组 X 等于四个小木棍（即 1X/ 组＝ 4 个小木棍 / 组；1X ＝ 4 个小木棍）。

资料来源：Gersten, R., Beckmann, S., Clarke, B., Foegen, A., Marsh, L., Star, J. R., & Witzel, B.（2009）. *Assisting students struggling with mathematics: Response to Intervention (RTI) for elementary and middle schools*（NCEE 2009—4060）. Washington, DC: National Center for Education Evaluation and Regional Assistance, Institute of Education Sciences, U.S. Department of Education. Retrieved from http：//ies.ed.gov/ncee/wwc/publications/practiceguides。

　　有些老师可能会发现，CRA 的教具十分难找。如果碰到这种情况，不妨到国家虚拟操作器图书馆（NLVM）去找相关资源（见图 7.3）。在每个数学块和年级水平档次中，教师都能找到几种用于帮助学生形象学习的教具。一旦找到，教师就可以获得这些教具并将其用于 CRA 序列教学中。

第六章到第九章将讲述如何针对数学弱项实施这些课程策略。大多数疑似数学学困生在以下数学项目中存在着能力不足的情况：数感、基础运算、分数和小数，以及问题求解等。

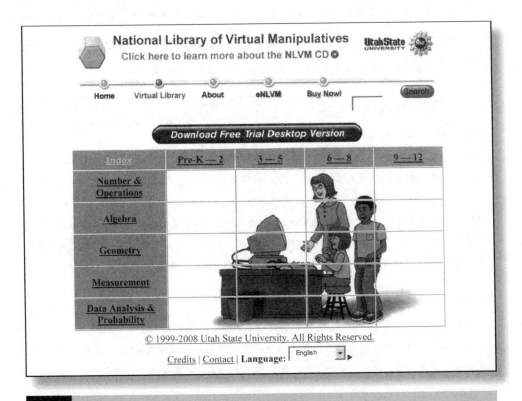

图 7.3　NLVM

资料来源：Reprinted with permission from the National Library of Virtual Manipulatives. Retrieved February 2009 from http：//nlvm.usa.edu/en/nav/vlibrary.html。

小　结

对于在数学方面反复出现学习困难的学生，我们对他们的教学指导方式应有所不同。一位课程理论和教学经验都很丰富的干预者，应当明确他该教会学生他们欠缺的哪些技能，从而遏制其弱势表现。当测试数据显示学生已经在数学方面取得了成功，或者需要给予更密集的学习干预时，教师应该停止干预。有好几种干预方法可供教师从中选择，但重要的是教师选择的方法必须基于课程，同时又有利于教学授递。接下来四个章节我们将重点讨论经常需要干预的几个领域：数感、计算流利性、分数和小数，以及问题求解等。

表 7.3　数学干预及课程一览表

PALS: http://kc.vanderbilt.edu/pals

在阅读和数学方面使用 PALS 策略是为了帮助教师适应不同的学习者，从而提升他们的学业成绩。在约翰霍普金斯大学（Johns Hopkins University）的网站上，PALS 被列为最佳证据支持式数学栏目，亦即"最佳证据百科全书"（Best Evidence Encyclopedia，BEE）。有效教育策略资料中心（What works Clearinghouse）发现，同伴互助学习策略[©]教学栏目"对小学生年龄阶段的 ELL 儿童的阅读成绩具有潜在的积极影响"。欲知更多关于热数学及其他一级、二级干预的信息，请与 flora.murray@vanderbilt.edu 联系。

热数学：问题解决课程

热数学是涵盖五个单元教案的指导手册，该手册提供了必备的教学资源（如挂图、张贴画、课堂问题、课内练习、得分要点、家庭作业、个人图表以及班级图表等）。欲知更多关于热数学及其他一级、二级干预的信息，请与 flora.murray@vanderbilt.edu 联系。

奥特克里克学院: http://www.oci-sems.com

作为提供高品质的训练和资源的基地，奥特克里克学院致力于实现美国教师和学生的成功，其中包括针对数字书写、数学基础知识掌握以及解题技巧教学等诸方面的具体教学干预栏目。

旅行者 VMath 学习园地: http://voyagerlearning.com/vmath/index.jsp

为了学好数学，同时为了通过那些结果未卜的考试，许多学生都需要额外的援助。VMath 用和谐而系统的方法，结合辅导材料、激励评价和在线科技，培养自信而独立的数学学习者，并消除学习者之间存在的关键差距。

分数计算：中小学生数学干预： http://www.pearsonhighered.com/educator

分数计算干预以 CRA 教学序列为基础，包含 30 个教学课时，以及用于判断效果的前测与后测。该教学序列所达到的效果是以资格认证教师的研究作为基础的。这些教师每天首先使用具体教具对全班及 / 或小组进行教学，而后又使用图示、抽象符号进行分数教学。

整数计算：中小学生数学干预： http://www.pearsonhighered.com/educator

整数计算干预也是基于 CRA 教学序列，其中包含 30 个教学课时，以及用于判断效果的前测与后测。该教学序列所达到的效果是以资格认证教师的研究作为基础的。这些教师每天首先使用具体教具对全班及 / 或小组进行教学，而后又使用图示、抽象符号进行正负整数的教学。

简单的方程式计算：中学数学干预： http://www.pearsonhighered.com/educator

该干预也是基于 CRA 教学序列，其中包含 30 个教学课时，以及用于判断效果的前测与后测。该教学序列所达到的效果是以资格认证教师的研究作为基础的。这些教师每天首先使用具体教具对全班及 / 或小组进行教学，而后又使用图示、抽象符号进行简单的代数方程式教学。

核心课程：代数准备课程（Algebra Readiness）： https://www.sraonline.com

SRA 代数准备课程能让学生在二年级时就可以通过学习代数 I 掌握其中的概念，从而确保他们在学习代数前掌握相关的技能和概念。为了保证他们对代数 I 课程的学习能够成功，SRA 代数准备课程将采用螺旋式发展的教学模式。

核心数学课程：撒克逊数学课程（Saxon Mathematics Program）： http://www.harcourtachieve.com

撒克逊数学课程由 Harcourt Achieve 公司出版，该教案式课程融合了教师对材料的讲授以及学生对概念和过程的训练。教师给出标准答案，教会学生明确的过程和方法。该课程还经常性地监测学生的成绩，同时监测他们在对数字概念、过程以及演示等方面进行训练时所采用的常规方法。

核心数学课程：数学表达式： https://www.hmco.con/indexf.html

数学表达式课程由霍顿·米夫林公司出版，该课程融合了以学生为中心和以教师为主导的教学方法。学生提出数学问题并进行讨论，但同时教师必须教会他们明确的过程。在讲述概念时，一定要使用各种具体物件、图画以及语言，还要通过真实情景进行学习。学生要向教师解释并证明自己的解题方案。

续　表

数学应用题解决：用图示教学法（SBI）教授学困生：http://www.proedinc.com

这种干预由 Asha Jitendra 博士研发，是一种指向教师的课程，用以教会中小学学困生解决应用题的主要技巧。此课程设计精巧，能利用 SBI 促进学生对概念的理解，同时为那些数学学困生提供必要的支架式教学。

Solve It!　一种关于数学解题技巧的实用教学法：https://www.exinn.net/solve-it.html

"Solve it！"是一种为帮助小学高段和中学年段的学生（包括在解决数学问题上有困难的学生）提高解题能力而设计的一门课程。该课程有助于教师帮助学生掌握过程与方法。在教授重要的认知和元认知方法的课堂上，教师要为学生提供明确的数学解题指导。设计这种基于研究的课程，是为了能在标准数学课程框架下进行简易的全纳性教学。在对 12~18 岁的数学学困生进行干预时，"Solve it！"被证明行之有效，当然它自身也进行了一些改进。

注：此列表并不包含所有的课程及干预方法，而仅仅作为一个样例，选择了一些我们认为能用于你校 RTI 数学模式的课程及干预方法。

第八章
课堂干预及个别化行为计划 [①]

鲍勃·艾尔格辛
安·唐尼克
斯蒂芬·史密斯

自1996年以来，旨在提高学生社交行为能力的学校正向行为支持（SPBS）受到了越来越多的重视。本书第三章全面回顾了过去十年间实施 SPBS 过程中的相关背景、基本特征以及研究发现。该三级干预模式的一个显著特点是，学校各成员必须通力协作、积极主动，从而提高学生的社交行为能力，减少其行为问题。

　　本章主要讨论在小学教学中如何运用 SPBS 技术和 RTI 来提高学生的社交行为能力。由于 RTI 被学校认为是一种改进学业和行为的措施，故本章将讨论 RTI 与 SPBS 之间的关系，并探讨如何将它们结合在一起以便在课堂情境中满足师生的需求。我们将为管理者、教师和家庭成员提供一种概念模型以及实用的教育技术。在第三章，我们分析了 SPBS 模式中第一级教学的总体方法，在本章，我们则将重点讨论教师解决学生行为问题的重要方法。

[①] 选自鲍勃·艾尔格辛、安·唐尼克和斯蒂芬·史密斯所著的《预防问题行为：学校计划和课堂实践》（*Preventing Problem Behaviors: Schoolwide Programs and Classroom Practices*）（第二版），科文出版社，2010年。

关于 RTI 教师应当具备的知识

IDEA（2004）对 RTI 的描述为：学校在确认学生具有学习障碍前，必须对学困生进行测试并提供必要的教学指导，同时对他们的进步情况进行评估。之后，在一级课堂教学干预中落后于其他同学者，可接受二级干预。如果学生能接受二级干预并对之产生回应，根据 RTI，他们就很有可能跟上课堂教学。由此可见，二级干预能够防止产生更多的、更严重的学业问题，而这些问题一旦产生，也许只有特殊教育才能解决。

RTI 中的行为问题也与此类似。简单地说，如果在普通教育环境下学生的行为没有达到社交准则，也不符合学校行为规范（一级干预），那么教师可对其实施二级干预，从而改进其行为，或者教给他更有效的行为方式。二级干预必须有效且能操作，同时对该层级的干预必须设置一个统一的评测方法和标准。由于目前的评测和干预方法很不一致，因此大家都认为，针对普通教育环境下的学生，该模式需要一至两周的时间才能实现系统化和可操作化。

作为学校和课堂管理方式的 RTI

越来越多的证据表明，全面应用 SPBS 的学校往往也是卓有成效的学校（Horner，2007）。同时，当这些成功的学校里的学生表现出课堂行为问题时，称职的教师更愿意在教室里解决这些行为问题。这些老师都懂得如何在学校里运用与 SPBS 系统直接相关的行为计划。在此，我们先越过一级学校干预，讨论教师该如何改善其课堂管理方法，同时讨论他们该如何针对具有行为问题的学生而采取二级和三级干预手段。

有效课堂管理手段

我们所说的有效课堂管理方法，是指在过去 30 年中所使用的旨在减少课堂行为问题的各种做法。这些措施被大量的证据所支持，埃弗森和埃默（Evertson and Emmer，2009）以及施普伦格、加里森和霍华德（Sprick, Garrison, and Howard，1998）曾对此进行过很好的归纳概述。其中，埃弗森和埃默在过去 30 年中一直致力于研究和实施有效课堂管理，而施普伦格及其同事们则将这些课堂管理方法融合在一个叫作 CHAMPS 的课堂系统之中。他们的做法有助于改善学生的课堂行为。表 8.1 列出了有效课堂管理的基本特征。

表 8.1　课堂组织和管理的基本特征		
特　征	观察表现（是 / 否）	改善计划
1. 有效的教室安排 / 分布： 　a. 高流量 / 低阻塞； 　b. 教师目视全体学生； 　c. 教学材料随手可得； 　d. 学生看到全班的展示。		
2. 墙壁和天花板具有如下内容： 　a. 班级规则； 　b. 每日安排 / 作业； 　c. 日历； 　d. 每周之星，其他荣誉； 　e. 紧急事件处理办法。		
3. 社交准则的张贴： 　a. 张贴行为准则； 　b. 经常性地讨论行为准则；		
4. 过渡时间的教学与监控： 　a. 房间的进 / 出； 　b. 一日之始 / 终。		

特　征	观察表现(是／否)	改善计划
5. 课堂行为的教学与监控： 　　a. 小组及大组教学； 　　b. 独立学习； 　　c. 材料使用； 　　d. 喝饮料； 　　e. 上厕所。		
6. 校内行为准则的张贴与教学： 　　a. 走廊行为； 　　b. 餐厅行为； 　　c. 体育课及体育教师； 　　d. 操场行为； 　　e. 图书馆行为。		
7. 日常行为的教学与实践： 　　a. 要求注意力集中的信号； 　　b. 回家作业的分发／收集； 　　c. 课堂作业； 　　d. 作业标准； 　　e. 到校／迟到的规定。		
8. 整组教学需关注如下几点： 　　a. 防止行为失范； 　　b. 通过调动学习动机，保持教学的流畅性，管理学生的行为节奏和专注性； 　　c. 通过提醒、问责以及参与，保持学生注意力的集中。		
9. 通过以下方式，保持学生行为的正确性： 　　a. 对全体学生的行为进行监督管理； 　　b. 在行为管理上保持一致性； 　　c. 利用积极的社交技能，对学生进行鉴别判定； 　　d. 当学生注意力不集中或行为失范时，靠近学生并进行眼神提示以纠正； 　　e. 提醒那些注意力不集中的学生，使其重新集中精力； 　　f. 对那些行为失范的学生给予口头告知； 　　g. 采取个体及小组巩固措施。		

特 征	观察表现(是 / 否)	改善计划
10. 清晰的交往技能: 　a. 行为具体; 　b. 冷静而直接; 　c. 自信的身体姿势; 　d. 具有同情心，体谅别人; 　e. 会提出问题并解决问题。		

对于注重同行指导及教学反馈的合作型学校而言，表 8.1 可作为一种工具来对课堂进行观察，并帮助教师制订行动计划。虽然有些教师在课堂里运用了不少上述推荐做法，但一旦观察他们的课堂，仍可以发现其中许多地方有待改进。下面一则案例就描述了教师是如何从同行观察中获益的。

案例：课堂管理观察及改善计划

汤莫森女士是日落小学（Sunset Elementary）具有七年教龄的三年级教师，她每年都受到校长的表扬，尤其是在班级管理方法的改进上更是如此。不过，直到今年，汤莫森女士对改进管理技巧才有了一个明确的目标或行动。

在管理方法上，她和另一位同事决定采用同伴间的支持和监督。征得校长同意之后，他们准备各自观察对方的课堂，时间为两个小时。在观察过程中，他们利用表 8.1 记录了一些需要改进的地方，并提出互相帮助的行动计划。

观察者最后得出结论：汤莫森女士在课堂中对社交准则进行了讨论和教学，并制订出一份日程安排，但这些都是以口头形式进行的。教室里没有任何关于学校正向行为支持项目的标识或其他可视提醒物。由此，观察者建议将社交准则以海报的形式进行张贴，并将日程安排书写在教室的白板上。这使得教室里的孩子和大人们随时抬头可见，并在必要时复习其中的内容。另外，当有学生行为失范时，汤莫森女士也有了参照和依据，可以让学生对照着准则或日程安排，判断此刻到底该做什么。学生们应该会回应，或者会作一番评论，指出按照日程安排应该怎么做，之后再回到原先的课堂活动中去。

这种通过张贴可视材料来提醒学生记住社交准则的做法，对于提高课堂管理水平十分有益。本案例中的方法简单而直接，除此之外，我们还可以通过对课堂管理的观察，发现更多的好方法。不过，无论是教师还是管理者，在制定课堂管理目标时，一定要量力而行，不要一次性地设定过多目标，以免让自己喘不过气来。

对学生的二级行为干预计划

即便教师在课堂管理中采取了系统而有力的手段，仍会有一些学生需要额外的行为支持和干预。按照 SPBS 模式，这些学生由于存在着持续的行为问题而处在学业失败的边缘。这一点，有时候在教师的讨论和点名中就能明显地感知到。也就是说，教师往往通过比较就能知道学生违反了学校或班级的准则。于是，他们会在学校的学生援助小组会议上提及该生，让大家对其进步状况进行观察，并让大家出谋划策，讨论在课堂教学中的相应对策。

对二级学生的系统鉴别

在过去的 20 年中，人们已经开发出一些鉴别需要接受二级干预的学生的系统性方法，其中最普遍的两种方法是"系统筛选"（systematic screening）和"办公室纪律惩处频率"（frequency of office discipline referrals）。沃克和西弗森（Walker and Severson, 1992）研制出一套能够判别学生是否处在严重行为问题边缘的"行为失常系统筛选法"（SSBD）。这套系统要求教师指定某些学生，并对他们的行为进行分级，判断他们是否处在行为不当的边缘。这套筛选工具通过三步测试（或门槛）来缩减可能需要二级或三级干预的学生数目。

1. 教师根据 SSBD 的要求，对所有学生的外化行为特点（如攻击性、反抗性等）以及内化行为特点（如害羞、焦虑、孤僻等）进行分类。

2. 教师完成三位在外化和内化特点中得分最高的学生的等级量表，量表内容涉及关键性事件、适应性行为以及不良行为。

3. 符合常模样本标准的学生被视为处于学业失败的边缘，在征得家长同意之后，接受二级干预。

我们已经在好几种干预研究中使用该办法来判断学生（要想了解更多有关 SSBD 的详尽信息，可参照：Walker and Severson，2007；Walker, Cheny, Blum, and Stage，2005；Cheney, Flower, and Templeton，2008）。SSBD 在学年之初约 30～45 天就可以实施。这是一种非常有效的方法，仅仅占用老师大约 90 分钟的时间，就可以将一些需要二级干预的学生召集在一起。

欧文及其同事（Irvin, Tobin, Sprague, Sugai, & Vincent, 2004；Irvin et al., 2006）曾对办公室纪律惩处（ODR）这一方法做过研究。他们认为，ODR 是判断学生是否需要二级干预的一种非常实用而有效的办法。当学校满足了能实施通用性一级干预的各种条件后，该办法尤其显得有用。使用 ODR 时，教师和管理人员必须对可能需要在办公室接受惩处的行为问题和能够在课堂内解决的行为问题进行审视和对比。举个例子来说，一旦进行了这种对比，那么只有那些关键的行为问题（如攻击性、反抗性、同伴挑衅、一天内反复违法纪律，等等）才需要学生到办公室接受惩处，如此一来，行为援助小组就可以设置让学生进入二级干预的标准。这种干预的标准一般是 3～5 次的 ODR。近期几项研究对该措施都有所提及（如 Fairbanks, Sugai, Guardino, & Lathrop, 2007；Filter et al., 2007；Hawken, Macleod, & Rawlings, 2007）。

对二级学生的行为干预计划

一旦教师需要帮助学生，那么他所采用的 SPBS 方法便必须是有效且可操作的，二级干预策略及其应用也必须与进行社交指导的学校直接相关。这种结合，使得策略的使用和评价能够基于课堂教学实践，包括不断增加的管理和监控，并通过每日行为报告卡、定期社交行为正向教学反馈、正向社交行为的不断强化、在校内与成年人的关系改善、父母的定期参与，以及系统性的过程监控等方式来实现。这种类型的行为干预计划基于对既定项目，如 Check & Connect（C&C）、"行为教育项目"（BEP）等长达 15 年的研究，而这些项目我们已经在各章节中分别叙述过了。

C&C（Sinclair, Christenson, Evelo, & Hurley, 1998）被美国教育部下属的"有效教育策略资料中心"（http: //ies.ed.gov/ncee/wwc/）认为是一种基于实证的干预。该干预是为了在普通教育背景下，减少初高中具有学习障碍及情绪障碍（ED）学生的问题行为，并保持其学习投入程度。C&C 主要依靠成人指导者进行管理和监控，并为学生提供反馈，帮助他们解决在校行为问题。

该干预中的 check 任务由一位成人指导者完成，主要对学校内的风险因素（risk factors）进行日常监控，譬如迟到、旷课、行为惩处、留校、停学、课业成绩以及学分等；connect 任务则由数位成人指导者完成，他们与学生建立起良好的关系，从而能够执行两个层面的干预，监控学生在风险因素上的进步状况。对进步状况的监控情况，以每日及每周成绩单的形式与学生分享。除此之外，在密集干预过程中，这些教师也为学生提供援助，包括社会技能小组、个人行为规约、学业辅导、与家长的问题解决研讨，以及设计方案加强停学期间与校内教师的联系等等。

对小学和初中学生的随机研究发现，通过 C&C，学生在出勤率、毕业率、学习及社会活动的投入率等方面均取得了明显进步，并在总体上提高了社会能力

（Lehr, Sinclair, & Christenson, 2004；Sinclair, Christenson, & Thurlow, 2005）。

BEP 与 C&C 类似，尽管作为一种显性的二级干预，它主要是用来帮助那些具有严重行为问题的学生遵守校内社交准则，减少问题行为的（Crone, Horner, & Hawken, 2004；Hawken & Horner, 2003），但它所采用的还是师生关系、管理以及反馈机制。作为二级行为干预的 BEP，在减少中小学生的 ODR，加深中小学教师对学生交往和学业表现的理解方面崭露头角。霍肯（Hawken, 2006）在其报告中指出，在十个中学生样本中，70% 的学生在接受至少八周 BEP 干预后，减少了 ODR。在另一个实验中，霍肯及其同事（2007）试图利用 BEP 减少小学生的 ODR，他们得出的结果也几乎一模一样。

对二级学生的管理和监控

对二级学生的行为规划主要依靠两位成年人—— 一位导师和一位教师，并由他们来提供不断强化的管理和监控。学生根据诸如 BEP 或 C&C 模式所预设的那些步骤进行操作。首先，他们取得一张由学校行为支助小组设计的每日行为进步报告单（DPR）。该报告单上罗列了至少三个阶段内学校对学生的行为要求（如尊重、责任、安全等），并借此对学生的行为进步状况进行评分。该报告单还规定教师如何为学生的日常在校行为评分，其目的在于提醒教师要针对学生的行为提供积极的反馈意见，尤其是那些教室里需要改进的特定行为。表 8.2 为 DPR 的一个样例。

在对干预的社会反应系统（SRIS；Cheney & Lynass, 2009）的开发和评价过程中，我们让学生接受了为期八周的每日指导（这是能让学生从 SRIS 指导中获益的最短期限），同时让他们接受了有关社交准则的强化训练。该训练在学生到校后（上课之前）开始，持续 2 ～ 3 分钟，并按以下程式进行：

· 确保学生一切就绪，材料齐全。
· 回顾他们的每日目标。

· 口头鼓励学生实现其目标。

· 检查前一日 DPR 中的家长签名。

表 8.2　嗡嗡蜂俱乐部（Buzzy Bee Club）每日行为进步报告单

嗡嗡蜂俱乐部

签 入	是	否
签 出	是	否
家长签名	是	否

尊重人的小蜜蜂　　　　有责任的小蜜蜂

安然无恙的小蜜蜂　　　辛勤工作的小蜜蜂

学生：＿＿＿＿＿＿＿＿　日期：＿＿＿＿＿＿＿＿　目标：＿＿＿＿＿＿＿＿

	阅 读				数 学				下 午				
准　　则	较差	合格	良好	优秀	较差	合格	良好	优秀	较差	合格	良好	优秀	总计
尊 重 人	1	2	3	4	1	2	3	4	1	2	3	4	
责 任 心	1	2	3	4	1	2	3	4	1	2	3	4	
安全意识	1	2	3	4	1	2	3	4	1	2	3	4	
努力程度	1	2	3	4	1	2	3	4	1	2	3	4	

每日总分：＿＿＿＿＿＿

优秀（4）： 行为符合准则，不需要提醒或纠正就能独立做好。

良好（3）： 行为符合准则，只需要一次提醒或纠错。

合格（2）： 需要 2～3 次的提醒或纠错。

较差（1）： 需要 4 次以上的提醒或纠错。

家长签名：＿＿＿＿＿＿＿＿＿＿	总分：＿＿＿＿＿＿＿＿＿＿＿
家长意见：	评价：

在签入阶段，学生获取一张 DPR，上面列出了至少三个阶段内学校对学生的行为要求（如尊重、责任等），并借此为学生的行为进步状况进行评分。该报告单不仅为学生制定了明确的行为规范，同时也规定教师如何为学生的日常在校行为进行评分，其目的在于提醒教师要针对学生的行为提供积极的反馈意见，尤其是那些在教室里需要改进的特定行为。

指导期间的定期反馈

教师要向学生定期反馈他们在校期间的行为表现，并每隔一段时间（比如晨读、课间休息、晨间数学、午餐时间、午后科学 / 社会学习时间，等等）在DPR 上进行打分。在给学生打分时，主要是看他们在没有教师提醒的情况下能否照样遵守学校的行为准则。在每个阶段结束时，教师要与学生进行简短的交流（2 分钟），共同讨论其行为表现，对其优点进行表扬，针对其缺点提供纠正建议。教师必须在每天的固定时间内完成反馈，并在 DPR 上完成打分。我们要求教师根据提醒次数来给学生打分。如果一位学生拿到了 4 分，这意味着他不需要教师的提醒就能符合行为要求；如果他拿了 3 分，说明他被教师提醒过一次；如果是 2 分，则提醒过 2～3 次；如果是 1 分，则提醒次数为四次或者更多。

为了了解如何对学生进行提醒或打分，教师必须参加一次四个小时的培训，学习如何使用 DPR 以及如何给予学生积极的反馈。教师首先观看由 BEP制作的 DVD 影片（Hawken, Peterson, Mootz, & Anderson, 2006），接着以角色扮演的形式练习如何给予反馈。培训结束之后，再对教师在课堂教学中对该系统的使用情况进行观察和反馈。经过研究，我们发现，大多数教师能准确使用该系统，并在学生身上产生良好的效果（Cheney, Lynass, Flower, Waugh, & Iwaszuk，待出版）。

正向社会行为的不断强化

30 年来的研究一致表明，增加与学生之间的良性互动能极大地改善他们的交往及学业表现。因此，对二级干预来说，教师应不断地通过确认和强化来改善学生的在校表现。这意味着，教师也好，导师也好，应该以系统的方式，通过言语或固化的形式对学生进行强化。在二级干预之中，DPR 正是一种能确保该强化的形式。

DPR 要求教师在鉴定时间过后给学生进行打分，并根据这些分数为学生制定每日目标。每日目标一般被设定为总分的 75% ~ 85%。比如说，在表 8.2 中，DPR 上的总分为 48 分，因此，若每日的标准 / 目标分值为 75%，那么学生就必须拿到 36 分。这些分数必须写在报告单上让学生看到。每一个阶段结束之后，学生可以计算他们所得到的分数。如果学生实现了每日目标，那么他就可以得到一次每日强化，其形式可以是口头表扬，一张贴纸，也可以是在珠线图或条线图上的一个标记。如果学生实现了其周目标或月目标，师生可以通过更具交往性、更有意义的方式来对所取得的大成就进行庆祝。例如，为了庆祝周目标的实现，学生可以获得一些额外的自由时间与同伴在一起，如果他实现了月目标，则可以有幸与教师或导师共进午餐。

过程监控

为了确定学生是否取得进步，我们可以搜集并密切监控他们在二级干预中的表现数据。在阅读项目中，我们常采用每分钟词语阅读流畅度来进行监控，并把数据结果以图表的形式呈现。教师通过将学生的阅读速度与目标进行对比来判断他们的进步状况。要判断二级干预中学生的行为表现，也可采用此法。学生拿到 DPR 后，可以将 4 ~ 8 周内的数据转换为图表，并为之设定行为标准或成功目标。

在此之前，导师必须先将 DPR 的结果录入数据库，如 Excel 文件或在线数据系统，并以图表的形式显示学生的进步状况。DPR 上学生每日获得的分数转换为相对于总分的百分比后，也以图表的形式呈现出来。每周制定的目标，可等于或略高于学生的基准分。图 8.1 显示的是某位学生在 SRIS 中的数据变化（Cheney & Lynass，2009）。该图例显示，学生最初很难获得分数，经过了第一个七天周期之后，才拿到了 64% 的分数。该生没有达标的天数都处在水平目标线——75% 以下。干预小组认为，该生的日标准必须调低至 70%。调整之后，该生在每日分数卡上的情况开始好转，其行为也逐渐得到改善。到了项目的第十周，该生的平均得分已经超过了 80%。由于该图示不能完全反映出学生的进步状况，于是我们将他的日标准从 75% 提高到 80% 并最终达到了 85%。该生在本项目上不断取得进步，经过 15 周的干预之后成功毕业。

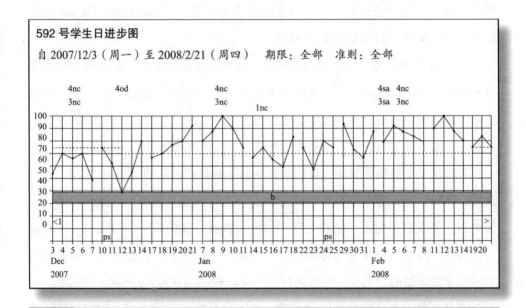

图 8.1 嗡嗡蜂俱乐部学生进步监控图

使用图表数据进行过程监控，说明机智地使用日表现数据可以很好地帮助实施二级干预。使用数据的目的是为了作出决策，同时，教师、学生和家长都能对学生在项目中的进步状况以及目标实现进程做到心中有数。当然，数据可以被有效采集。一旦教师在校外对学生进行登记，他可以利用网络工具，在 15

分钟内将学生的数据输入系统。

学校内师生关系的改善

研究表明，师生间的关系质量，影响到学生的在校表现（Finn, 1989；McPartland, 1994）。辛克莱（Sinclair）及其同事（1998）在论及为何学校中的师生关系意义重大时，特别强调了这一点（见第五章）。师生间的人际关系类型以及学生所参与的学校活动类型，是决定学生能否形成良好社会能力的主要因素（Connell & Welborn, 1991；McPartland, 1994）。除此之外，一旦孩子不能与家长或监护人形成良好的关系，他们就有可能在家里及学校里产生行为问题。最后一点，行为问题往往与学生的学业成绩不佳有关（Anderson, Christenson, & Sinclair, 2004；Sinclair et al., 1998）。

在二级干预中与孩子建立关系时，有时候会显得很复杂，它的效果也许要过一段时间才能体现出来。对某些孩子来说，要同他们建立良好关系并不容易，这是因为他们不同的背景和经历，使得他们不敢或拒绝与成人建立关系。因此，我们一定要不断地与他们进行积极的交流，用时间来换取他们的信任。

对危机学生的访谈显示，他们最喜欢的老师具有可信赖、细心、善解人意、及时、积极、令人尊敬、品德高尚等特点，在行为上表现为说到做到、以孩子为中心、关注孩子想法、愿意为孩子付出、真诚地表扬孩子、与孩子一起制定行动决策、能成为孩子的榜样等。如果你兼具上述优点和行为，那么你就具备了心理学家所谓的"无条件积极关怀"（unconditional positive regard）的品质。

可是对付一个具有行为问题的孩子并不总是那么简单。当一位同学推倒另一位同学，或者在教室里撞翻课桌，或者与老师起了争执时，一般来说，成人会责怪他的行为不当，并对他进行惩罚。我们建议老师采用另一种办法，即用既不"专制"也不"纵容"的"威信"来处理这样的学生。当学生产生不当行为时，我们希望老师能随时出现在他身边，细心地处理他的需求，耐心地倾听孩子对所遭遇的问题的看法，并努力帮助他分析自己的行为，明白他到底从不当行为中"得到"了什么。这种做法，往往被称之为对儿童行为之"功能"或"目的"的辨别。以下几个建议，可以帮助教师更好地处理好与学生的关系：

· 使用恰当的语气、语调和语言。

· 不要带着个人情绪发泄对学生的怨气。

· 告诉学生："我正在倾听你说，我们一起来解决问题吧。"

· 让学生说出他的感受，不要打断他，让他觉得自己是安全的。

· 用平静的语气告诉学生，为什么有些事情在学校不能发生，或者不被允许。

· 如果有必要，给学生提供可选择的方法。

· 使用同情性语言，譬如"我明白你碰到了麻烦"。

父母的定期参与

无论何时，只要学生在课堂内出现了行为问题，并且这种问题需要行为干预，那么父母、家庭成员或监护人就有必要参与这一干预活动。在二级 BEP 以及 SRIS 项目中，建议教师每天用家校联系单的形式与家长或监护人进行联系，使他们能够了解学生的进步状况，参与强化孩子的行为，鼓励孩子取得成功。虽然要做好教师与家长间的交流工作并不容易，但我们一定要将这种做法列入行为规划之中。

许多问题生家长都会接到无数个电话，被告知他们的孩子在校产生的各种问题。与这些家长进行交流时，教师应努力去建立起更大的信任，互相配合，互相协作。给他们打电话或使用家校联系单时，一定要突出学生在与人交往时的优点。即便某一天学生表现不佳，教师在与家长交流时也要持正面观点，并提出建议，帮助学生学会使用积极的交往技能。如果学生在校行为问题非常多，此时教师应给家长打一个电话，与家长一起分析这些问题，并调整策略。总之，学校各成员（包括办公室人员、教师、校长等）在进行家校联系时要互相配合，保证家长不会因为过多的家校联系而茫然不知所措。

二级行为干预计划小结

本章主要呈现了实施二级行为干预计划的步骤和样例。总体说来，二级干预包含在 SPBS 系统之中并与之保持一致。针对这一点，我们详细介绍了 SPBS 系统中的"嗡嗡蜂项目"，并以班上 1 ～ 3 位学生为例，就如何系统地运用该项目进行了说明。对学生的鉴别，通过教师指定、系统性筛选以及 ODR 数据分析等方法进行。鉴别之后，学生被指派给一位导师，之后导师对 DPR 报告单、签入签出系统以及利用打分进行行为强化等方面进行解释，并通过制作日 / 周数据图表，以及经常性地和教师进行讨论，对学生的进步状况进行管理和监控。导师和教师努力改善与学生间的关系，也努力改善学生与同伴间的关系。最后，导师、教师和家长 / 监护人通力协作，共同提高学生的交往能力。该方法效果十分明显，在校内进行 SPBS 干预后，有 75% 的学生从中获益（参见 Cheney et al.，待出版；Hawken et al.，2008；Todd, Campbell, Meyer, & Horner, 2008）。

个别化行为干预计划（BIP）

前文所述的二级干预，有导师，有日报告单和每日目标，也有强化以及过程监控，但它主要针对的是那些正在产生行为问题并因此濒临学业失败的学生。由于 SRIS 和 BEP 适用于学生小组，在很大程度上并不具备个性化特点，因而它们不可能迅速而有效地实施在任何学生身上。一旦学生对一级干预没有产生回应，教师就应该同学校行为援助小组一起制订或修改针对学生的个别化行为计划。

无论是 IDEA（1977）还是 IDEA（2004），都通过对 PBS 的描述强调个别化行为计划，语见"当学生的行为问题影响了自己或他人的学习成绩时……"

（20 U.S.C. § 1414[d][3][B][I]）。BIP 必 须 基 于 强 项（Horner, Sugai, Todd & Lewis-Palmer, 2000），也必须基于功能评估（FA）结果，其目标是在当前的教学之中，通过干预来大幅减少行为问题，同时保持积极的交往技能。BIP 的设计需要行为援助小组成员的参与，他们可以帮助教师使学生于一学年之后在课程学习上取得更大的成功（Bambara & Kern, 2005）。

行为计划的角色与输入

授课教师必须依靠其他专业人士以及学生家长的知识。一个典型的行为援助小组应包括家长 / 监护人、学生（如果合适的话）、普通教育教师、特殊教育教师、行政领导、学校心理师以及学校顾问等（Horner, Sugai, Todd, & Lewis-Palmer, 2000）。学校或社区的其他成员，如果能对学生的行为问题提出独到见解或有效解决策略，也可以参与其中。小组内的每一位成员都是必不可少的，能针对有效行为干预计划的设计和实施提供有价值的信息。

小组成员的正式与非正式评估

在最初的小组会议上，每位成员都会分到任务，收集有关学生表现的基准信息。该信息将用于设计有效的 BIP，其中又包括两种类型：正式评估与非正式评估。正式评估是记录学生行为、能力或个人历史的那些材料，譬如药物清单、与家人及 / 或孩子相关的法律程序、开除或停学、纪律处分、缺席情况、家校面谈、ODR，以及对学生的直接观察等。与正式评估同等重要的是非正式评估，即那些未曾入档的生活变化、对孩子的自然观察、与社区成员间的交往、学生自我报告，以及教师与学校员工间的讨论等（Sugai, Lewis-Palmer, & Hagan-Burke, 2000）。为了使教学有效，甚至为了使家庭环境有效，评估必须每隔两周进行一次，并将结果汇报给小组，以便最初的干预工作正常开始。

这两种评估使得小组能回答与问题行为有关的各种问题。小组成员必须能够描述那些关键行为，同时能判断在不同情形下各种行为何时、何地、以何种程度发生或不发生，并对维持或阻止行为发生的结果进行分类，概括或总结出每一种行为的特征。有了这样的评估，小组就可以对每种问题行为进行清晰的表述了。

样例：解决学生的行为问题

我们回到汤莫森女士在日落小学所做的工作。她曾应用学校的"嗡嗡蜂项目"，通过同伴观察，使环境得到了一定程度的改善，并对三位学生实施了二级"嗡嗡蜂项目"干预行为。在对学生的过程监控报告单进行分析之后，她得出结论：其中两位学生取得了成功，能遵守日常的班级交往准则；而另一位叫劳伦斯的学生并没有成功。在经过八周的 DPR 和日表现数据绘制之后，劳伦斯只有一半的时间达到了他的每日目标。由此可见，劳伦斯应当接受三级行为干预。于是教师与行为援助小组进行接触，并一致认为要对劳伦斯实施三级干预。

第一步，对每一个在 BIP 中需要解决的问题行为进行统一的清晰表述。清晰而客观的表述，能使小组成员对行为特征了然于胸。小组可以利用这些表述，讨论何时、何地、在何种程度上见过或未曾见过特殊行为。确认行为发生的时间和地点非常重要，因为这一信息决定了小组最终制定的干预类型。接下来，小组对维持被鉴别行为的当前结果进行讨论。有了这一信息，小组就可以帮助老师写出一份概括总结（也被称为假设陈述），简要地描述引发问题行为的先行事件，对问题行为进行描述，并对结果进行说明（Bambara & Kern, 2005；O'Neil et al., 1997）。总结陈述非常清楚地呈现了问题行为，从而帮助团队去设计干预，减少学生的问题行为，并代之以符合学校规范的行为。

对干预的设计和评估

一旦完成了所有的概括总结，行为干预小组就可以为每个问题行为设计干预方案了。值得注意的是，在此过程中要鼓励小组所有成员献计献策；另外，允许家长、社区和学校员工参与其中会使策略的制订恰到好处（Kea, Cartledge, & Bowman, 2002），也会使计划顺利实施，并坚定学生和家长的信念。

在小组会议之前，要通过头脑风暴的形式，鼓励家长积极参与（因为这种形式曾经解决了他们孩子的问题行为）。关于问题的解决方案，将在会议期间约15分钟的头脑风暴过程中进行讨论，大家把各自的想法写到黑板上、电脑里或组内其他成员能看到的地方。头脑风暴结束之后，组内各成员就刚刚提出的想法建议进行分析，探讨适宜性和有效性。在对适宜性和有效性进行分析时，要确保所提出的策略能得到同行评审文献（期刊、文章或书籍）的支持。这些想法或建议，必须切实有利于个体学生、家庭和社区，并具备文化意义（Kea et al., 2002）。多元文化研究为我们提供了多种方式的干预，这些干预都经得起同行审查。因此，学校小组成员在会议之前，应当研究这些想法的文化适宜性以及相关的同行评审文献。

基于实证的教育实践

IDEA（2004）要求干预必须"基于同行评审的研究，并切实可行"（20 U.S.C. § 1414[d][1][A][i][IV]）。其中所定义的"同行评审研究"，指的是已在学术期刊上发表并经过相关领域的专家（同行）评审和编辑过的文章中的研究。如果同行认为某项研究没有信服力或效用，则该研究所建议的干预或策略就不会被发表。许多针对学生的、需要行为干预计划的正向行为支持都发表在同行评审文献之中。

由于BIP的某些想法来自学生、家长或社区，因而很少具有基于同行评审的研究。但这些干预并不能因此被忽视，因为将这些根据学生个体需求而进行的文化适应性干预吸收进来，也是非常重要的。援助小组可以作出一些调整，使基于同行评审的干预也同时包含学生的文化。

在协调文化适宜性和基于同行评审研究的干预过程中，组内成员还要记住：

对同一个问题行为来说，解决方案肯定不止一个。情景不同、时间不同、学生不同，解决方案也会有所不同。如果针对某个问题行为存在着多种干预方式，我们完全可以先选择其中一种，待数据显示该方式不可行时，再选择其他的干预方式（Walker, Ramsey, & Gresham, 2004）。

为了使大家能集中精力为学生的行为问题提供最适宜的干预方式，管理人员或特殊教育教师应制订一份计划纲要。该计划应当对特殊行为、针对每一种问题行为的策略、学生学到的可选行为、实施具体干预的人，以及重新评估方案等内容进行解释。

表8.3是汤莫森女士及其团队为劳伦斯设计的BIP。该团队最终将其关注落到两个最基本的行为上：一是"不愿做事"系列行为，包括争吵、顶嘴、离座以及在做数学过程中讲话影响别人等；二是下课时间在操场上打架斗殴。该团队建议最初应对劳伦斯实施两种干预：一种是在课堂内的干预，包括自我监控以及通过其他行为进行的强化，另一种是在操场上的干预，包括对运动技能的指导和强化。该团队计划按照每周一次的频率，对劳伦斯的进步状况进行评估。

表8.3　行为干预计划	
行为干预计划	数据创建日期：2009/07/06
学生姓名：劳伦斯	年级：三年级
第一部分	
问题行为的描述	1. 在独立完成数学作业（如作业单）期间拒绝做事（与老师争吵、顶嘴、离席、讲话影响同学等）。 2. 课间在操场上与同学打架（大声喊叫、推推搡搡、身体凑到别人脸上等）。
前期行为	1. 劳伦斯的数学很糟糕，这是他最差的一门科。他在独立作业期间也很难集中精力。 2. 劳伦斯不知道如何通过分享设施、征得同意等方式参与同学的游戏，他也不知道该如何遵守别人的游戏规则。

续　表

行为结果	1. 由于劳伦斯无法独立完成数学作业，他被赶出教室，在走廊里罚站。他引起了老师的注意，她帮他完成了作业。 2. 劳伦斯失去了课间休息的权利，只好"作壁上观"。他的同学要么躲开他，要么对他进行还击。
行为目标	1. 劳伦斯必须在规定时间内独立完成数学作业。 2. 劳伦斯必须与他的同伴进行积极交流，一起使用学校的设施，同别人玩要时要征得同意，并在课间休息期间参与同学的游戏并遵守他们的规则。

需收集的信息： 关于课间打架的办公室检讨记录，独立完成数学作业的总量，在独立完成数学作业期间干扰别人的频率等。

第二部分

前期行为 / 环境 （独立数学时间）： 1. 自我管理：监控自己的行为（Smith & Sugai, 2001）。	替代 / 可选行为： 1. 劳伦斯在数学课上对自己的行为进行自我监控，并在上课结束时向老师报到。如果他达到了预设的标准，就会得到老师的表扬，说明他在课堂上与人合作得不错。	联系人： 1. 布洛克女士：学校顾问； 2. 汤莫森女士：普通教育教师； 3. Shiro 夫妇：家长。

评估安排： 普通教育教师和学校顾问每周回顾劳伦斯的进步状况，并将结果以 e-mail 或电话的形式告知家长。

前期行为 / 环境 （课间）： 1. 教会他合作游戏的技巧。 2. 分配玩伴。 3. 使用点卡和强化手段来促进合作游戏。	替代 / 可选行为： 1. 劳伦斯在课间能利用合作游戏技巧参与游戏。 2. 劳伦斯能倾听游戏规则，并与同伴一起讨论。 3. 劳伦斯能遵守游戏规则，并能在10～20分钟内正常参与游戏。	联系人： 1. 布洛克女士：学校顾问； 2. 汤莫森女士：普通教育教师； 3. Shiro 夫妇：家长； 4. 劳伦斯：学生； 　卡特：玩伴。

评估安排： 学校援助小组（学校顾问，行为援助小组，课间指导教师，以及普通教育教师等）每周回顾劳伦斯的进步状况，学校顾问要求劳伦斯及其玩伴定期签到。有关劳伦斯的周进步状况，将以 e-mail 或电话的形式告知其家长。

解决行为的功能问题

对问题行为进行干预的过程中，需要重点回答"为什么"这个问题。比如说，为什么劳伦斯会拒绝独立完成数学作业并在课间与同学打架？学生有这样的行为，是因为他们并不具备积极的交往能力，无法获得教师或同伴的关注，或者是因为他们想逃避某些情况，譬如比较难的或者令人不快的学习任务等。无论是获得关注还是逃避，学生都会有许多理由。要实施干预，就必须在指向目标交往技能的同时，考虑到行为的优选功能。

表 8.4 显示了对劳伦斯实施的两种可选干预是如何符合其行为感知功能的。如果劳伦斯正在寻求关注，那么无论是自我监控手段还是同伴协助手段，都能提高他被师生关注的程度。为了关注劳伦斯，教师可以将他的座位调到边上，并经常性地对他进行点名。至于班上同学，也可以在这过程中担任劳伦斯的同伴或指导者。如果劳伦斯发现数学很难或者让人产生挫败感，他就有可能拒绝做题，因为他觉得无论怎么样最后都会不及格。所以他跟人吵闹、寻事生非、影响同学，归根到底都是因为他想逃避数学作业。汤莫森女士正可以基于这样的了解，在设计干预时，设法减少劳伦斯的挫败感，给他布置适合他水平的作业。

表 8.4 与功能性（获得关注/目标或逃避困难/不愿完成的任务）干预相配套的基于实证的策略

功 能	干预策略	样 例	研 究
获得关注	学生援助	·作为一个团队与同伴一起回答问题。 ·参与同伴指导/学习。	Armendariz & Umbreit, 1999；Bacon&Bloom, 2000；Morrison, Kamps, Garcia, &Parker, 2001；Shukla, Kennedy, & Cushing, 1999。
	接近学生	·调整座位。 ·在课堂内明确规则。	Scott & Nelson, 1999；Shukla et al., 1999。

续 表

功 能	干预策略	样 例	研 究
获得关注	活动的自我管理	·学生按照行为规范做事，若达到一定水平，则予以表扬。 ·完成作业，行为适宜。	Barry&Messer，2003；Brooks，Todd，Tofflemoyer，& Horner，2003；Callahan & Rademacher，1999；Lee，Simpson，& Shogren，2007；Smith & Sugai，2000；Todd，Horner，& Sugai，1999。
逃避	调整任务难度	·缩短篇章的句子。 ·上课过程中增加休息次数。 ·减少需要学习的材料页数。 ·提供更多的挑战性题目。	Moore，Anderson，& Kumar，2005；Umbreit，Lane，& Dejud，2004。
	提供选择	·允许学生选择： 完成任务的顺序； 完成任务的地点； 一起完成任务的同伴。	Dunlap et al.，1994；Vaughn & Horner，1997。
	活动/行为的自我管理	·学生对学习进行监控，在作业完成后上交老师。 ·预设作业完成后，对学生进行表扬强化。	Smith & Sugai，2000；Stahr，Cushing，Lane，& Fox，2006；Todd et al.，1999。

解决技能缺失问题

无论是什么样的干预，只有当学生学会用正确的行为替代问题行为时，才算是成功的干预。许多学生不懂得如何展现恰当的学校行为。其实，当他们需要获得关注或者想要逃避某些环境时，他们可以使用替代行为。替代行为能教给学生有效的、适于交往的行为，并使他们获得想要的结果，而不必采取不恰当的问题行为。通过这些行为，学生能学会应对、忍耐以及其他常见的适应性能力（Bambara & Knoster，1998）。有问题行为的学生可以通过交往技能课的学习来获得这些技能。交往技能训练是一种有效的干预手段，可以帮助学生学到可选及／或替代行为，从而减少其问题行为（Cook, Gresham, Kern, Barreras, & Crews, 2008）。除此之外，为学生提供一套在学校中适宜的交往技能，还能够提高他们日后在学业上获得成功的可能性。

运用正向行为支持来制订并实施行为干预计划，需要建立一个小组，以帮助学生在学校内取得成功。这种小组的成员来自各个学科，他们一起通力协作，为学生提供与文化相关的、基于同行审查的干预，从而减少学生的问题行为。问题行为一旦减少，学生的亲社会行为（prosocial behavior）就会增加，而这又能提高学生在课堂内的学习参与度（Kilian, Fish, & Miniago, 2007）。当小组成员一起来为学生提供有效的 BIP 时，学生问题行为减少的机会就会提高。

结　论

本章向读者介绍了一种制订行为计划的做法，通过这一做法，我们能教给学生积极的、亲社会的行为技能，并减少他们的问题行为。我们向各位推荐了几个使用 SPBS 的教学样例，并试图显示它们与 RTI 模式的类似之处。在图 8.2 中，我们通过积木的形式，总结了之前所讨论过的方法。积木的最底层是由领导团队来构想、监控和评估，并由学校教职员工来执行的学校行为基本内容。在课堂内，教师需要重点关注第二层积木——有效课堂管理。当学校行为基本内容和课堂管理对某些学生不起作用时，就需要对其执行二级和三级干预。这四层积木构成了影响学校正向交往行为的基本结构及策略。如果教师能根据这些建议行事，那么他们的课堂环境将得到改善，学生的交往情况及学业表现也将得以改善。

三级——个别化行为计划（Individualized Behavior）：清晰的行为，简要的概述，基于实证的教学实践，以功能为基础。

二级——行为干预（Behavior Intervention）：成人导师，不断强化的管理及每日报告单，积极的人际关系，过程监控及强化措施，家长参与。

课堂管理（Classroom Management）：教室布局，墙壁／天花板布置，张贴的交往准则；转换期；程序；所教的方法和规则；有效的教学；持续的社会交往行为；清晰的沟通。

学校行为基本内容（Schoolwide Features）：领导团队，清晰的交往准则，张贴在校园内的交往准则，通过教学和强化的交往准则，减少问题行为的策略，与课堂管理和学校管理相配套的纪律体系，学校交往信息的采集与分析，基于数据的决策制定。

图 8.2　有效行为计划积木图

第九章
操作准确度 ①

戴瑞·梅拉德
伊夫林·约翰逊

教育改革及实践的许多失败，都可归结于执行不力（Gresham，1989）。学校要采取新的做法，却又不按照基本的行动设计要求去做，其结果一定令人沮丧（Kovaleski, Gickling, & Marrow, 1999）。在本书的其他章节，我们为读者提供了设计要求以及实施 RTI 的方法，而在本章，我们将主要帮助学校了解，坚持操作准确度并为此制定详尽的方案，是如何对 RTI 产生积极功效的。操作准确度是指我们在实施过程中，在多大程度上与预设的过程相合。一旦在实施过程中缺少操作准确度，我们将无法判断某些不良行为的起因，并会使得 RTI 模式的有效性大打折扣。

在此，我们提供了一种操作准确度的三维模式，以帮助学校确保 RTI 实施的准确度，同时还提供了与此相关的一些研究资源。

---

① 选自戴瑞·梅拉德和伊夫林·约翰逊所著的《RTI 操作使用手册》（*RTI: A Practitioner's Guide to Implementing Response to Intervention*），科文出版社，2008 年。

定义与性质

什么是操作准确度

操作准确度是指能按照所设计的要求发出指令（Gresham, MacMillan, Beebe-Frankenberger, & Bocian, 2000）。譬如说，一本已出版的阅读课程，可能要求教师按照预定的过程和方式进行解码教学。如果教师没有按照预设进行教学，学生可能就无法准确学会解码。不过，学生在学习上的失败到底是因为教学上的问题（比如教师没有遵循课程来进行教学），还是学习上的问题，目前还是个未知数。在 RTI 模式中，准确度无论在学校层面（如对过程的实施）还是在教师层面（如对教学的实施以及过程监控）上，都是相当重要的。

几项针对不同干预的研究表明，操作准确度对于最大幅度提高项目的有效性是非常重要的（可参见 Foorman & Moats, 2004; Foorman & Schatschneider, 2003; Gresham et al., 2000; Kovaleski et al., 1999; Telzrow, McNamara, & Hollinger, 2000; Vaughn, Hughes, Schumm, & Klingner, 1998）。尤其值得注意的是，这些研究还指出，学生能取得积极的成果，往往取决于以下三种因素之一：

- 过程执行的准确度（学校层面）。在 RTI 模式中，过程执行的准确度，意味着各个要素在不同班级和年级的实施要保持一致。
- 所选干预在多大程度上受到经验的支持。如果干预或教学具有充分的实证基础，它就更有可能帮助学生改善学习，而不是对他们的学习结果无法预知。
- 教师层面的干预操作准确度。如果教师没有按照设计要求进行干预，学生就无法从中获益，而儿童援助小组可能会因此得出结论，以为问题出在学生身上（而不是教学质量的低下）。

操作准确度的三维模式

学校教师在执行标准化测试时，其前提是该测试要根据操作说明来进行，同时，测试者必须具备资格。对 RTI 的实施，也要符合与此相同的标准。正如研究文献所指出的那样，直接而频繁的干预测试是提高准确度的最好办法。

在现有文献中，对于准确度的描述，大多出于研究的角度而不是实践的角度。在对干预有效性进行研究时，能汇报出操作的准确度是十分关键的，这样做一方面使学生的学业成就能准确地与干预行为发生关联，另一方面使干预能够被复制。同样的道理，在实施干预时，应当清楚实施过程是否在按照设计进行。这样一来，一旦干预不成功，学校就能采取恰当的措施来进行修正，而不是放弃整套方案。

建立准确度系统的最终目的，是为了保证学校对于 RTI 的实施以及教师在不同层级的教学能按照计划进行。这一目的必须与学校现有的资源相协调。正是基于该现实，我们推出了一种能确保准确度的三维模式（如图 9.1），其中对各个维度的描述分别如下。

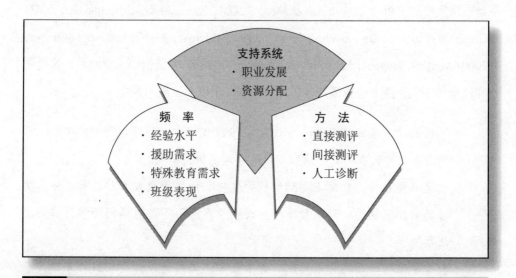

图 9.1　确保准确度的三维模式

资料来源：Johnson, Mellard, Fuchs, & McKnight（2006）。

- 维度 1：方法。这一维度包括学校所使用的工具和方法，从而就 RTI 是如何实施的提供相应的反馈。
- 维度 2：频率。多久检查一次准确度，取决于具体情况。可以每年一次，也可以每月甚至每周一次进行观察和回顾，从而为 RTI 的实施提供全面的评价。
- 维度 3：支持系统。该维度包括准确实施模式所必需的反馈及职业发展机会等。支持系统应根据学校需求进行选择和组织。比如说，学校在为新教师进行职业发展培训时，会基于其 RTI 系统，也会基于在教学方法、干预以及相关评测方面所做的继续教育系统。一个持续、灵活而多维的支持系统，将使职业发展取得最佳成效。

实 施

RTI 的实施需要考虑到学校的资源状况，而确保操作的准确度，则是它的另一个要求。如果没有对准确度进行考察，一旦 RTI 部分或全部不成功，学校就很难采取正确的措施来改善实施过程，从而可能会放弃整个方案。

为了使学校能有效管理操作准确度，我们建议采用一种三维模式，该模式通过采取一种积极的方式，按计划实施 RTI。首先，其中的三种维度已在上文中论述过；其次，我们提供了一些指标，通过这些指标，学校可以选择所要使用的方法，以及这些方法使用的频率，并且可以选择那些为了修正弊端而使用的支持系统；再者，我们还为学校提供了一个详尽的计划工具，学校可利用这一工具进行具体实施，并检查操作的准确度。

维度 1：方法

操作准确度的检查是一个复杂的资源密集型过程。就目前的研究而言，这种检查一般包括对行为的频繁观察和记录，教师的问卷调查，以及课堂的自我报告或录像等几种方式。准确度获取的工具可分为三种类别：直接测评、间接测评以及人工诊断等（Gresham et al., 2000）。

直接测评

利用直接测评，可使干预的各个要素具备明确的操作性。教师通过对教学干预的观察，以及对各要素发生次数的统计，来确定干预实施的正确性，并确定哪些教师需要重新接受培训。

间接测评

间接测评包括自我报告、等级量表、面谈以及持久性资料等。在这当中，持久性资料被认为是最可靠、最精确的，其内容可包括学生的作业或测试样本，每一种资料都与特定的干预要素相关。

人工诊断

大体而言，人工诊断是指干预过程中的逐步指导或检查。这种指导对细化干预过程中的步骤很有好处，不过，除非在此期间有完整的检查清单、学生作业、测试成绩，或者上述方法中的某一种，否则，这种指导本身不足以保证实施的准确度。

干预中的直接测评被认为是一种最佳实施手段，因为这种方法最直接地反馈了教学是如何进行的。尽管如此，由于直接测评费时最多，故学校在实施 RTI 各要素时，为了保证其操作准确度，不得不按轻重缓急对各种方法进行安排。学校可能已经具备了多种用于检查准确度的工具，或者这些工具已经被植入了 RTI 模式之中。譬如，有关过程监控的教学报告会指出达到基准的学生数量。如果未达到基准的学生数量过多，这就意味着教师需要通过给予指导、组织测试，或者通过其他课堂或教学管理手段，来对这些学生进行帮助和支持。

维度 2：频率

如上所述，用于准确度检验的频率根据因素不同而有所差异，这些因素包括：

· 教师的经验水平；

· 在执行具体的 RTI 环节时，教师的援助需求；

· 在过程监控、筛选及其他测试中，班级的整体表现水平；

· 转介到特殊教育安置的增减程度。

在维度 1（方法）中，我们曾指出，学校或学区可能已经安排了对数据的检查、审阅和分析，并且这些方法可能被用于对 RTI 准确度的检验。譬如，校长会按要求对新的员工进行评价，一般情况下，来自州和学区的测试数据会及时送达，学校范围内的筛选活动会如期进行，学生的学习团队会按计划集中，有关学生的学业表现及教师教学的信息也会被提交给这些会议。

表 9.1 列出了在一个频率连续体（从"不间断"到"一年一次"）中检查准确度的各种方法，以此说明在一个更大的操作准确度范围内如何对频率维度进行操作。作为一种计划工具，它还能使学校从整体上审视反馈的总量、类型及规律性，以及在操作准确度方面获得的数据。

表 9.1 频率及准确度检验方法连续体

任务	不间断	每周一次	每月一次	一年三次	一年一次
对州／区的测试结果进行审阅					×
进行筛查				×	
对过程监控进行审阅		×			
对教师进行评价	×				
要求教师进行评论和提出建议	×				
对新进教师进行评价				×	

维度 3：支持系统

就学校而言，操作准确度检验的主要目的是为了认清学校的优势所在，也是为了认清需要改进的不足之处。举个例子来说，新进教师可能不熟悉学校的阅读课程，需要接受相关的职业培训以了解该课程的原则与方法。通过之前的准确度检验，那些擅长特定课程的教师就能够被发现，并能与新进教师组成搭档，成为他们的师父。在教学层面，通过准确度检验，可以发现某些课堂可能缺少资源，无法实施或维持过程监控。这便要求学校在之后的教学中满足其资源需求，或者对资源进行重新分配。为了改进不足之处，需要如下两种类型的支持系统：

· 专业发展及培训。其中包括正规的研修班学习和在职培训，也包括师徒式的学习形式。
· 资源分配。如果教师缺少实施干预的合适资源，学校领导就有责任为其获取或重新分配资源。

模式的整合

对许多学校来说，实施 RTI 意味着教学上的一次重大转变，需要学校层面和教师层面通力协作。要想成功实施 RTI 或任何教育干预，操作准确度是关键。我们发现，学校用于采取行动和执行政策方面的资源十分有限，因此在本章，我们通过对各种指标的标注和对三维模式的应用，试图将操作准确度的方法进行简化（见表9.2）。

表 9.2　操作准确度三维模式应用样例			
指　标	方　法	频　率	支持系统
招募了新的员工。	评价或观察。	理想状态下一年三次，初期为一年一次。	师徒结对；在课程项目上提供培训。

续 表

指 标	方 法	频 率	支持系统
筛查结果显示，班级平均数低于学校平均数，或者比例较多的儿童被识别为处于障碍边缘。	数据审阅，直接观察，教师日志，审阅来自家长的支持证据，学生作业样例。	与筛选安排相同，经常性地检查以解决问题。	师徒结对以解决问题；寻找优劣势；提供培训机会。
对教师的评价凸显其在教学方法上的缺陷。	后续观察，与其他教师的对话，教师日志或自我报告。	根据需要。	发现问题，从而进行相应的职业培训及/或资源的分配。

操作过程中的基本任务单

表9.3提供了一份确保操作准确度所需要的基本任务清单。虽然未必完整，该表还是列出了最初实施的几个重要步骤。第一列包含了操作时所需要的特定任务，第二列要求填上总体负责监督该任务的人员姓名，有些时候，负责人可能不止一位。第三列则要求为任务完成设定一个目标期限，或者对任务完成的状态进行描述。

表9.3 操作准确度基本任务单		
填写要求 在第二列，即"负责人"一列，填写负责第一列任务的人员姓名或小组名称。在第三列，即"期限/状态"一列，填写任务完成的最后期限及/或完成状态。		
任 务	负责人	期限/状态
在学校开始实施RTI及招募新员工时，建立一个专业发展及培训系统。		
收集或创建方法，以保证准确度。		
协调主要计划，以对准确度进行检验（如教师评价、预检、培训等）。		
制订计划，对所收集的信息进行系统审阅。		

任　务	负责人	期限 / 状态
制定标准，确定教师何时需要额外的援助。		
制订计划，以提供额外的支持或职业培训。		

判断高质量操作准确度的标准

确保操作准确度的各种方法必须符合学区、学校和课程的要求，因此，我们在此不推荐一些具体的方法。尽管我们可以选择一些工具来对准确度加以实施或操作，但是，判断该系统的质量时，还是存在着几个标准。表 9.4 列出了几项判断高质量操作准确度的标准，这些标准基于该领域的研究，并曾在一些 RTI 模范点被使用（Mellard, Byrd, Johnson, Tollefson, & Boesche, 2004）。清单采用了一种特定的排列格式，以帮助你对当前的和计划中的实施进行标注。如果某个方法已经实施过了，则打钩来标注；如果某个方法正在实施，则标注出其优先等级：1= 最高等级，3= 最低等级。

尽管存在着不同意见，操作准确度仍是 RTI 实施过程中最重要的一个因素，这是因为通过操作准确度，学校能对专业发展需求、资源的获取与分配以及基础设施的建设进行评估和回应。

表 9.4　判断高质量操作准确度的标准

填写要求

阅读每一项标准，这些标准都用于判断高质量操作准确度。清单采用了一种特定的排列格式，以帮助你对当前的和计划中的实施进行标注。

· 若某个方法已经实施过了，则打钩（√）表示。

· 若某个方法正在实施，则标注出其优先等级：1= 最高等级，3= 最低等级。（标注 "1" 的方法要在标注 "2" 的方法之前实施，标注 "2" 的方法要在标注 "3" 的方法之前实施。）

续　表

标　准	状　态	
	已经实施（✓）	优先等级（1—2—3）
指定一些合格教师对教学方法进行观察。		
教师接受有关准确度判断方法的培训，并且具有采取行动的权力。		
为了记录教学的准确度，教师一旦运用新学会的教学方法，应立即对其进行观察。之后根据需要将观察频率调整为每周一次或每两周一次。对"骨干教师"的观察频率可少一些（一年三次或更少）。		
观察者完成一份书面清单，其中包括相关教学方法的关键特征，以便对准确度进行记录。		
利用具体标准（如所观察到的关键特征的比例等）来对教学方法作出判断，确定其是否具有准确性。		
对教学人员的反馈包括以下一至多项：一次按期召开的会议，对清单中存在问题的关键特征的书面描述，一份改进计划，一盘有关准确度操作典范的录影带。		

资料来源：Mellard & McKnight（2006）。

结构与角色的变化

随着社会对教师的责任的要求越来越高，老师们可能认为操作准确度会阻碍他们的发展。不过，操作准确度一旦得到保证，下列三方面的因素也就得到了整合。

1.教学工具及策略；

2. 学生成绩；

3. 专业发展。

如果在这过程中，观察与评价系统对教师产生了威胁，那么这种整合便无法发生。在许多情况下，与州评价以及 NCLB（2001）相关的问责措施更多地将重点放在了对教师的惩罚之上，这是毫无必要的。事实上，通过积极的问责措施，学校能够在一种合作的环境中检验准确度，并促进教师的成长。这种问责制包括教师、管理者、学生和家长的主动参与和分享参与（Neill, 2004）。师徒之间真诚而开放的交流，能帮助学校寻找到专业发展的资源，使员工获得支持，并最终改善学生的成绩。对教师的观察和评价，必须以一种积极的方式进行，其目的在于解决问题，而不是对教师加以指责。不能仅仅依靠某一种证据，就简单地对教师、学生或者教学作出判断（Neill）。学校必须利用教师、学生、家长和管理者，通过一定的程序引导决策的制定，从而提高学校管理和学习行为的质量（Neill）。

指导教师在确保准确度的过程中，能发挥出更大的作用。为了确保准确度，指导教师必须有行动的权力。在相关领域具备能力的教师，必须被选拔成为新教师的导师。当然，导师们可能需要接受相关的培训以适应新的角色，尤其是当他们发现要对同伴进行评价时。

表 9.5 罗列出几种可能的角色及结构，用以确保操作的准确度。学校可根据不同情况选择使用。譬如，他们可以根据自身的共同愿景以及 RTI 的实施状况来进行选择。

表 9.5　操作准确度的角色及结构的变化

教　师

· 进行间接评价结果的收集工作，以帮助证实人工及直接观察的结果。

· 对当前用于实施的清单和手册进行审阅。

· 学校检查之后，在教学实践中作出必要的改变。

- 根据要求，完成教师反馈或教师日志。
- 根据要求，上交与教学相关的录影带及分析。
- 与上级领导一起分析操作准确度的观察结果。

指导教师
- 监控教师对于某些知识点的教学过程。
- 提供专业培训与指导。
- 对观察结果及作业样本进行评价，并向教师提供具体的、有意义的反馈。
- 对教师的要求进行回应，为他们提供援助或信息。

管理部门
- 负责为合作性的操作准确度建立基础。
- 根据要求提供资源，方便教师获取课程和与指导教师进行交流，帮助他们获取其他材料和设备。
- 按计划进行教师观察，并对教学实践进行评价。
- 对特殊教育的转介率以及教师在班级中的日常表现进行监控。
- 通过对教师进行常规的、定期的、临时的观察和讨论，确保操作准确度的实现。
- 协调所需的专业培训。
- 确定班级表现能否保证干预的实施（即在同一年级中，整个班级的表现要明显差于其他班级）。

注："教师"包括普通教育教师和特殊教育教师。"管理部门"包括学校的校长及助理，以及在学校或校区内的课程和／或测试专家。

实施中的困难

无论从常识的角度还是从研究的角度来看，操作准确度都能保证干预的成功，但是，要取得高水平的操作准确度还是存在着实际的困难。格雷舍姆等人（Gresh et al., 2000）指出，有几个因素会降低干预过程中的操作准确度，其中包括复杂性、所需材料及资源，预期效果与实际效果间的差异，等等。

复杂性

干预越是复杂，操作准确度就会越低。虽然 RTI 的许多因素从个体上看并不复杂，但将大量的因素置于一个无缝的、整合的模式中，对学校来说，就困难重重了。举个例子说，二级干预的设计、选择、实施和评价就是一个错综复杂的过程，相比筛查手段，需要更密切的关注和更细致的研究。

所需材料及资源

一旦需要新的、充足的资源，它们就必须易于获得。这种获得，既是物理意义上的，也是概念或认知上的，换言之，它们必须为教师的使用提供初始的以及持续的支持。对材料及资源进行定期分析，能改善并维持干预的实施过程。

预期效果与实际效果间的差异

即便有坚实的研究基础，如果教师主观认为某种方法不会产生效果，或者这种方法与他们的教学风格不一致，那么其实施过程也会十分不顺利。对许多教师而言，RTI 代表了一种范例的转变。对过程监控的关注，越来越多地借助普通教育教师给处于障碍边缘的学生提供援助以及进行定期的数据收集与分析，以帮助制定教学决策，这些都与教师在培训中所学到的大相径庭。其结果是，如果 RTI 的某些具体环节对教师的教学方法或理念产生较大的挑战，他们便需要不断地讨论对 RTI 的理解，也需要不断地进行公开交流。这些讨论能帮助教师找到解决实施过程中遇到的问题的可行性方案。

对学校来说，他们受到的阻力往往来自层出不穷的政策举措、日益繁复的学生需求，以及屈指可数的资源。RTI 有能力帮助学校更好地利用资源，从而提高全体学生的学业成绩，并通过以下方式促进学生的学习。

- 允许通过筛查和过程监控，对处于障碍边缘的学生进行早期识别，同时对他们进行恰当的二级干预。

- 设置与教学相匹配的评价系统，包括对学生进步状况的标准化测试和形成性测试。

- 提供多个数据点，包括筛查结果、常规过程监控数据，以及学生的辅助性作业。

- 通过过程监控及基于实证的教学，确保给予学生恰如其分的指导。策略的制定一方面基于个体学生的需求，另一方面符合教师的教学经验。

尽管如此，想要上述方式产生效果，首先必须保证干预能被正确实施。最初，确保操作准确度是一个资源密集型的过程，随着学校对新教师和学生的吸纳，对资源的要求也会持续增加。我们曾尝试用学校现有的工具和方法来确保操作准确度，这些工具和方法能帮助学校实施 RTI，而不是让他们不知所措。读者不妨浏览下本章附录中的参考工具，千万不要忽视这些附加资源。

小　结

RTI 是一种校级层面的体系，它整合了课程、教学、干预和评价。要正确实施 RTI，学校内的教师必须通力协作。如果不能确保教学按计划实施，不能确保筛查和过程监控工具被准确执行，不能确保相关的干预具有研究基础，那么，它在学习方面对学生的帮助便会大打折扣。对学校来说，本章所描述的操作准确度能帮助他们创设一种专业发展环境，而这正是他们的职责所在。

资　源

以下资源能帮助你确保操作准确度。

·华盛顿州 K–12 阅读模式操作指南（Geiger, Banks, Hasbrouck, & Ebbers, 2005）（http://www.k12.wa.us/CurriculumInstruct/Reading/default.aspx）

该资源由华盛顿州公共教学办公室（Washington State Office of Public Instruction）开发，主要涉及阅读教学中的 RTI 实施。其中提供了有关评价、干预、教学等方面的细节，同时也提供了可用于检验操作准确度的检查表。

·校长阅读攻略（http://www.fcrr.org/staffpresentations/SNettles/PrincipalWalkthrough Content.pdf）

该资源（Nettles，2006）由佛罗里达阅读研究中心研发，并分别提供了针对 K-3 各年级的，单独项目同时提供班级层面和学校层面的较为完整的操作细则。

·干预有效性项目（Vaughn, Linan–Thompson, Kouzekanani, Bryant, Dickson, & Blozis，2003））。

干预有效性项目由德克萨斯大学奥斯汀分校教育学院阅读及语言艺术中心的研究员们设计而成（Vaughn et al., 2003）。使用该资源能保证：（1）教师在实施过程中保持一致；（2）治疗的准确度。

·福曼与莫茨（Foorman and Moats，2004）

福曼与查策内德（Fooman and Schatschneider, 2003）及福曼与莫茨（2004）曾开发过一种用于测试小学低年级读写教学效果的评价表。

· 卓越阅读联盟（Consortium on Reading Excellence）(http：//www.corelearn.com)

卓越阅读联盟曾开发过大量面向阅读的教学指导实施材料。

· 福斯和福斯（2006）

在该资源中，福斯和福斯（2006）提供了有关 RTI 实施的维度和操作建议。

作者简介

卡拉·肖尔（Cara F. Shores）：西乔治亚大学特殊教育专业硕士（MEd）、教育专家（EdS），担任过数个联邦资助的全纳教育项目的顾问及韦斯利教育服务中心主任。特殊儿童协会（Council for Exceptional Children）的专栏作者，独立撰写了《积极的成果：利用学生援助小组进行学校改进》（*Positive Outcomes: Utilizing Student Support Teams as a Tool for School Improvement*）一书，参与编写了《乔治亚大学教育系学生支助小组资源手册》（*Georgia DOE Student Support Team Resource Manual*）《利用RTI进行学校改进：提高每位学生的学业成绩》（*Using RTI for School Improve ment：Raising Every Student's Achievement Scores*）等书。

鲍勃·艾尔格辛（Bob Algozzine）：北卡罗来纳大学夏洛特分校教育领导系教授，美国教育支持行为和阅读改善中心联合主任，曾就特殊教育问题写作过250多部作品，包括情绪和社会行为问题管理等方面的书籍和教材。

威廉·本德（William N. Bender）：北卡罗来纳大学特殊教育学博士，曾在美国多所大学任教，现为全职顾问及写作者。发表过60多篇研究论文，并出版过20部教育著作，包括七部RTI专著，其中《超越RTI金字塔》（*Beyond the RTI Pyramid*）一书入选2010年度最佳教育出版类图书杰出成就奖。

金·切斯特（Kim Chester）：最初是一位普通教育教师，由于其最小的孩子患上了脑瘫，重返学校，在肯尼索州立大学获特殊教育硕士。目前，担任其所在地区学校的家长导师、地区学年交流项目(AYP)顾问、卫斯理教育服务中心教育顾问。

凯瑟琳·科利尔（Catherine Collier）：新兴的双语/跨文化特殊教育领域专家。

在对非英语学习者的教学方面有着丰富的经验，在阿拉斯加、亚利桑那、科罗拉多和新墨西哥等州担任过针对不同文化学习者的双语特殊教育教师。目前在西华盛顿大学任教。

安·唐尼克（Ann P. Daunic）：佛罗里达大学早期儿童研究、学校心理以及特殊教育系客座教授（Associate Scholar）。在过去十几年中，一直负责有关行为问题预防的研究项目，包括冲突解决、同伴调停以及交往问题指导等。

苏珊·霍尔（Susan L. Hall）：教育博士，教师培训及早期阅读顾问，百分之九十五公司（95 Percent Group, Inc.）的创始人和董事长。该公司就早期阅读中的 RTI 问题为学校提供咨询以及相关的教师培训。曾出版《我通过了 DIBEL，现在该怎么办？》（*I've DIBEL'd, Now What*）以及《RTI 实施过程中的校长手册》（*Implementing Response to Intervention :A Principal's Guide*）等书。

莫妮卡·哈里斯（Monica L. Harris）：博士，大河谷州立大学（GVSU）教育学院副教授。研究方向为教学策略的设计、师资培训以及协同教学。

伊夫林·约翰逊（Evelyn S. Johnson）：教育博士，博伊西州立大学（BSU）特殊教育副教授，与人合著出版《RTI 实施教师指南》（*A Practitioner's Guide to Implementing Response to Intervention*）。主要研究问责系统下对残障学生的全纳教学，对残障学生的评测，以及 RTI 在中学阶段的实施等。

玛莎·拉金（Martha J. Larkin）：阿拉巴马大学博士，专门从事针对学困生的教学策略研究。

戴瑞·梅拉德（Daryl F. Mellard）：堪萨斯大学博士，成人研究中心主任，NRCLD 首席调查员，肯萨斯州成人读写及学习障碍联合会主席。近年来的研究项目包括对学困生的评测、阅读理解以及成人读写问题等。

保罗·里柯密尼（Paul J. Riccomini）：宾夕法尼亚州立大学特殊教育博士，克莱门森大学特殊教育副教授。主要研究针对数学学困生的有效教学法、教学策略及教学评价等。

萝莉·史密斯（Lori Smith）：博士，科罗拉多泉城夏延山初高级中学校长，曾在公立学校从事过 15 年的教学及行政工作。在夏延山全面实施了 RTI 模式，并积累了不少研究成果。

斯蒂芬·史密斯（Stephen W. Smith）：佛罗里达大学特殊教育系教授。曾担任过八年的特殊教育教师，主持过多个有效行为管理项目的调查工作。曾在佛罗里达大学获得过三项教学大奖以及一项大学研究奖。

布拉德利·威策尔（Bradley S. Witzel）：佛罗里达大学特殊教育学博士，南加州洛克希尔市温索普大学副教授，2009年度温索普大学研究生院教师奖得主，曾就数学教育和干预写作过多篇论文和报告。

参考文献

Chapter 1

Batsche, G., Elliott, J., Graden, J. L., Grimes, J., Kovaleski, J. F., Prasse, D., et al. (2006). *Response to intervention: Policy considerations and implementation* (4th ed.). Alexandria, VA: National Association of State Directors of Special Education, Inc.

Bergan, J. R. (1977). *Behavioral consultation*. Columbus, OH: Charles E. Merrill.

Bradley, R., Danielson, L., & Doolittle, J. (2005). Response to intervention. *Journal of Learning Disabilities, 38*(6), 485–486.

Butler, F. M., Miller, S. P., Crehan, K., Babbitt, B., & Pierce, T. (2003). Fraction instruction for students with mathematics disabilities: Comparing two teaching sequences. *Learning Disabilities Research and Practice, 18,* 99–111.

Cass, M., Cates, D., Smith, M., & Jackson, C. (2003). Effects of manipulative instruction on solving area and perimeter problems by students with learning disabilities. *Learning Disabilities Research and Practice, 18,* 112–120.

Deno, S., & Mirkin, P. (1977). *Data-based program modification*. Minneapolis, MN: Leadership Training Institute for Special Education.

Fletcher, J. M., Denton, C., & Francis, D. J. (2005). Validity of alternative approaches for the identification of learning disabilities: Operationalizing unexpected underachievement. *Journal of Learning Disabilities, 38,* 545–552.

Fuchs, L. S. (2003). Assessing intervention responsiveness: Conceptual and technical issues. *Learning Disabilities Research and Practice, 18*(3), 172–186.

Fuchs, L. S., Compton, D. L., Fuchs, D., Paulsen, K., Bryant, J., & Hamlett, C. L. (2005). Responsiveness to intervention: Preventing and identifying mathematics disability. *TEACHING Exceptional Children, 37*(4), 60–63.

Fuchs, D., & Fuchs, L. S. (2005). Responsiveness-to-intervention: A blueprint for practitioners, policymakers, and parents. *Teaching Exceptional Children, 38*(1), 57–61.

Fuchs, D., & Fuchs, L. S. (2006). Introduction to Response to Intervention: What, why, and how valid is it? *Reading Research Quarterly, 41*(1), 93–98.

Fuchs, L. S., Fuchs, D., Hamlett, C. L., Hope, S. K., Hollenbeck, K. N., Capizzi, A., et al. (2006). Extending responsiveness-to-intervention to math problem-solving at third grade. *TEACHING Exceptional Children, 38*(4), 59–63.

Fuchs, L. S., Fuchs, D., Prentice, K., Burch, M., & Paulsen, K. (2002). Hot Math: Promoting mathematical problem solving among third-grade students with disabilities. *TEACHING Exceptional Children, 31*(1), 70–73.

Fuchs, D., Fuchs, L. S., Thompson, A., Svenson, E., Yen, L., Al Otaiba, S., et al. (2001). Peer-assisted learning strategies in reading: Extension for kinder-garten, first grade, and high school. *Remedial and Special Education, 22,* 15–21.

Gersten, R., & Dimino, J. A. (2006). RTI (Response to Intervention): Rethinking special education for students with reading difficulties (yet again). *Reading Research Quarterly, 41*(1), 99–108.

Good, R. H., & Kaminski, R. A. (Eds.), (2001). *Dynamic indicators of basic early literacy skills* (5th ed.). Eugene, OR: Institute for the Development of Educational Achievement.

Grimes, J., & Kurns, S. (2003, December). *An intervention-based system for addressing NCLB and IDEA expectations: A multiple tiered model to ensure every child learns.* Paper presented at the National Research Center on Learning Disabilities Responsiveness-to-Intervention Symposium, Kansas City, MO

Heller, K. A., Holtzman, W. H., & Messick, S. (1982). *Placing children in special education: A strategy for equity.* Washington, DC: National Academy Press.

Individuals With Disabilities Education Act of 2004. (2004). Federal Register 71, pp. 46539–46845. Retrieved August 30, 2006, from www.ed.gov/policy/speced/guid/idea2004.html

Jankowski, E. A. (2003, Fall). Heartland Area Education Agency's problem solving model: An outcomes-driven special education paradigm. *Rural Special Education Quarterly.* Retrieved July 25, 2006, from www.findarticles.com/p/articles

Kukic, S., Tilly, D., & Michelson, L. (Presenters). (2006). *Addressing the needs of students with learning difficulties through the Response to Intervention (RtI) strategies.* Retrieved January 26, 2007, from the National Association of State Directors of Special Education, Inc., website: http://www.nasdse.org/publications.cfm

Marston, D. (2005). Tiers of intervention in responsiveness to intervention: Prevention outcomes and learning disabilities identification patterns. *Journal of Learning Disabilities, 38*(6), 539–544.

Marston, D., Muyskens, P., Lau, M., & Canter, A. (2003). Problem-solving model for decision making with high-incidence disabilities: The Minneapolis experience. *Learning Disabilities Research & Practice, 18*(3), 187–200.

Mastropieri, M. A., & Scruggs, T. W. (2005). Feasibility and consequences of Response to Intervention: Examination of the issues and scientific evidence as a model for the identification of individuals with learning disabilities. *Journal of Learning Disabilities, 38*(6), 525–531.

McCook, J. E. (2006). *The RTI guide: Developing and implementing a model in your schools*. Horsham, PA: LRP Publications.

McMaster, K. L., Fuchs, D., Fuchs, L. S., & Compton, D. L. (2003, December). *Responding to nonresponders: An experimental field trial of identification and intervention methods*. Paper presented at the National Research Center on Learning Disabilities Responsiveness-to-Intervention Symposium, Kansas City, MO.

Mercer, C. D., Jordan, L., & Miller, S. P. (1996). Constructivistic math instruction for diverse learners. *Learning Disabilities Research and Practice, 11*, 147–156.

National Research Center on Learning Disabilities (2002). *Common ground report*. Reston, VA: Author.

National Research Center on Learning Disabilities (2005). *Core concepts of RTI*. Retrieved July 25, 2006, from www.nrcld.org

President's Commission on Excellence in Special Education (2002). *A new era: Revitalizing special education for children and their families*. Retrieved July 26, 2006, from www.ed.gov/inits/commissionsboards/index.html

Reschly, D. J., Hosp, J. L., & Schmied, C. M. (2003, August 20). *And miles to go: State SLD requirements and authoritative recommendations*. Retrieved July 20, 2006, from www.nrcld.org, pp. 3–10.

Scruggs, T. W., & Mastropieri, M. A. (2002). On babies and bathwater: Addressing the problems of identification of learning disabilities. *Learning Disability Quarterly, 25*(2), 155–168.

Siegel, L. S. (1989). IQ is irrelevant to the definition of learning disabilities. *Journal of Learning Disabilities, 22*, 469–486.

Tilley, W. D. (2003, December). *How many tiers are needed for successful prevention and early intervention? Heartland Area Education Agency's evolution from four to three tiers*. Paper presented at the National Research Center on Learning Disabilities Responsiveness-to-Intervention Symposium, Kansas City, MO.

U.S. Office of Education. (1977). *Assistance to states for education of handicapped children: Procedures for evaluating specific learning disabilities*. Federal Register 42, pp. 65082–65085.

Vaughn, S., & Fuchs, L. S. (2003). Redefining learning disabilities as inadequate response to instruction: The promise and potential problems. *Learning Disabilities Research & Practice, 18*(3), 137–146.

Vaughn, S., Linan-Thompson, S., & Hickman, P. (2003). Response to treatment as a means of identifying students with reading/learning disabilities. *Exceptional Children, 69*(4), 391–409.

Vellutino, F. R., Scanlon, D. M., Sipay, E. R., Small, S., Chen, R., et al. (1996). Cognitive profiles of difficult to remediate and readily remediated poor readers: Early intervention as a vehicle for distinguishing between cognition and experiential deficits as basic cause of specific reading disability. *Journal of Educational Psychology, 88*, 601–638.

Vellutino, F. R., Scanlon, D. M., Small, S., & Fanuele, D. P. (2006). Response to intervention as a vehicle for distinguishing between children with and without reading disabilities: Evidence for the role of kindergarten and first-grade interventions. *Journal of Learning Disabilities, 39*(2), 157–169.

Ysseldyke, J. (2005). Assessment and decision making for students with learning disabilities: What if this is as good as it gets? *Learning Disability Quarterly, 28,* 125–128.

Chapter 2

The Access Center (2004, October). *Concrete-representational-abstract instructional approach.* Retrieved August 2007 from http://www.k8accesscenter .org/training_resources/CRA_instructional_approach.asp

Alberto, P. A., & Troutman, A. C. (2006). *Applied behavior analysis for teachers* (7th ed.). Upper Saddle River, NJ: Prentice Hall.

Armbruster, B. B., & Anderson, T. H. (1987). Improving content-area reading using instructional graphics. *Reading Research Quarterly, 26*(4), 393–416.

Bandura, A. (1977). *Social learning theory.* New York: General Learning Press.

Beecher, J. (1988). *Note-taking: What do we know about the benefits: ERIC DIGEST #37.* Bloomington, IN: ERIC Clearinghouse on Reading, English, and Communications. (ERIC Document Reproduction Service No. EDO CS 88 12).

Bretzing, B. H., & Kulhary, R. W. (1979, April). Notetaking and depth of processing. *Contemporary Educational Psychology, 4*(2), 145–153.

Brown, A. L., Campione, J. C., & Day, J. (1981). Learning to learn: On training students to learn from texts. *Educational Researcher, 10,* 14–24.

The Center for the Improvement of Early Reading Achievement (2001, September). *Put reading first: The research building blocks for teaching children to read.* Retrieved July 2007 from http://www.nifl.gov/partnershipforreading/publications/ reading_first1.html

Comprehensive School Reform Program Office. (2002, August). *Scientifically based research and the comprehensive school reform program.* Retrieved September 2007 from http://www.ed.gov/programs/compreform/guidance/appendc.pdf

Cotton, K. (1991, May). *Computer assisted instruction.* Retrieved September 2007 from http://www.nwrel.org/scpd/sirs/5/cu10.html

Davey, B. (1983). Think alouds: Modeling the cognitive processes of reading comprehension. *Journal of Reading, 27*(1), 44–47.

Eaker, R., DuFour, R., & DuFour, R. (2002). *Getting started: reculturing schools to become professional learning communities.* Bloomington, IN: National Educational Service.

Fleer, M. (1992). Identifying teacher-child interaction which scaffolds scientific thinking in young children. *Science Education, 76,* 373–397.

Fuchs, D., & Fuchs, L. S. (2005). Responsiveness to intervention: A blueprint for practitioners, policymakers, and parents. *Exceptional Children, 38*(1), 57–61.

Fuchs, L. S., & Fuchs, D. (2007). A model for implementing responsiveness to intervention. *TEACHING Exceptional Children, 39*(5), 14–20.

Fuchs, L. S., Fuchs, D., Prentice, K., Burch, M., Hamlett, C. L., Owen, R., et al. (2003). Enhancing third-grade students' mathematical problem solving with self-regulated learning strategies. *Journal of Educational Psychology, 95*(2), 306–315.

Fuchs, L. S., Fuchs, D., Prentice, K., Hamlett, C. L., Finelli, R., & Courey, S. J. (2004). Enhancing mathematical problem solving among third-grade students with schema-based instruction. *Journal of Educational Psychology, 96*(4), 635–647.

Gentner, D., & Markman, A. B. (1994). Structural alignment in comparison: No difference without similarity. *Psychological Science, 5*(3), 152–158.

Harrison, M., & Harrison, B. (1986). Developing numeration concepts and skills. *Arithmetic Teacher, 33,* 1–21.

Heacox, D. (2002). *Differentiating instruction in the regular classroom: How to reach and teach all learners, grades 3–12.* Minneapolis, MN: Free Spirit Publishing.

Hidi, S., & Anderson, V. (1987). Providing written summaries: Task demands, cognitive operations, and implications for instruction. *Reviewing Educational Research, 56,* 473–493.

Jacobs, G. (2001). Providing the scaffold: A model for early childhood/primary teacher preparation. *Early Childhood Education Journal, 29*(2), 125–130.

Jitendra, A. (2002). Teaching students math problem-solving through graphic representation. *Teaching Exceptional Children, 34*(4), 34–38.

Jitendra, A. K., Griffin, C., Haria, P., Leh, J., Adams, A., & Kaduvetoor, A. (2007). A comparison of single and multiple strategy instruction on third grade students' mathematical problem solving. *Journal of Educational Psychology, 99,* 115–127.

Johnson, M. (1987). *The body in the mind: The bodily basis of meaning, imagination, and reason.* Chicago: University of Chicago Press.

Jones, B., Pierce, J., & Hunter, B. (1989). Teaching children to construct graphic representations. *Educational Leadership, 46,* 20–25.

Kounin, J. S. (1970). *Discipline and group management in classrooms.* New York: Holt, Rinehart & Windston.

Lakoff, G., & Johnson, M. (1980). *Metaphors we live by.* Chicago: University of Chicago Press.

Marzano, R., Pickering, D., & Pollock, J. (2001). *Classroom instruction that works: Research-based strategies for increasing student achievement.* Alexandria, VA: McREL.

Marzano, R. J. (2003). *What works in schools: Translating research into action.* Alexandria, VA: Association for Supervision and Curriculum Development.

Marzano, R. J., Marzano, J. S., & Pickering, D. J. (2003). *Classroom management that works: Research based strategies for every teacher.* Alexandria, VA: Association for Supervision and Curriculum Development.

Miller, S. P. (1998, September). Validated practices for teaching mathematics to students with learning disabilities: A review of literature. *Focus on Exceptional Children, 31*(1), 1–24.

Montague, M. & Jitendra, A. K. (2006). *Teaching Mathematics to Middle School Students with Learning Difficulties.* New York, NY: The Guilford Press.

National Council of Teachers of Mathematics. (2000). Principles and standards for school mathematics. Reston, VA: Author.

No Child Left Behind Act. (2001). Section 9101[37]. Retrieved March 12, 2008, from http://www.ed.gov/policy/elsec/leg/esea02/index.html

Nye, P., Crooks, T. J., Powlie, M., & Tripp, G. (1984). Student note-taking related to university examination performances. *Higher Education, 13*(1), 85–97.

Oczkus, L. D. (2005). *Reciprocal teaching strategies at work: Improving reading comprehension, grades 2–6: Videotape viewing guide and lesson materials.* Retrieved September 2007 from http://www.reading.org/publications/bbv/videos/v500/

OSEP Technical Assistance Center on Positive Behavioral Interventions. (2007). *School wide positive behavioral supports.* Retrieved July 2007, from http://www.pbis.org/schoolwide.htm

Palincsar, A. S., & Brown, A. L. (1984). Reciprocal teaching of comprehension fostering and comprehension monitoring activities. *Cognition and Instruction, 1*(2), 117–175.

Promising Practices Network. (2005). *Programs that work: Reciprocal teaching.* Retrieved September 10, 2007 from http://www.promisingpractices.net/program.asp?programid=144

Rosenshine, B., & Meister, C. (1994). Reciprocal teaching: A review of the research. *Review of Educational Research, 64*(4), 479–530.

Saenz, L. M., Fuchs, L. S., & Fuchs, D. (2005). Peer-assisted learning strategies for English language learners with learning disabilities. *Exceptional Children, 71*(3), 231–247.

Smith, P. L., & Wedman, J. F. (1988). Read-think-aloud protocols: A new data source for formative evaluation. *Performance Improvement Quarterly, 1*(2), 13–22.

Sprick, R. S., Garrison, M., & Howard, L. (1998). *CHAMPs: A proactive and positive approach to classroom management.* Longmont, CO: Sopris West.

Stennett, R. G. (1985). *Computer assisted instruction: A review of the reviews.* London: The Board of Education for the City of London. (ERIC Document Reproduction Service No. ED 260 687.)

Tomlinson, C. A. (1999). *The differentiated classroom: Responding to the needs of all learners.* Alexandria, VA: ASCD.

Tomlinson, C. A. (2001). *How to differentiate instruction in mixed-ability classrooms* (2nd ed.). Alexandria, VA: ASCD.

University of Kansas Center for Research on Learning. (2008). *Strategic Instruction Model.* Retrieved April 7, 2008, from http://www.kucrl.org/sim/index.shtml

U.S. Department of Education. (2006, August 14). Assistance to states for the education of children with disabilities and preschool grants for children with disabilities; Final rule. *Federal Register, 71*(156), 46786–46787.

U.S. Surgeon General. (2000). *Executive summary youth violence: A report of the surgeon general.* Washington, DC: Public Health Service. Retrieved March 1, 2008 from http://www.surgeongeneral.gov/library/youthviolence/summary.htm

Vaughn, S., & Roberts, G. (2007). Secondary interventions in reading: Providing additional instruction for students at risk. *TEACHING Exceptional Children, 39*(5), 40–46.

Vygotsky, L. S. (1978). *Mind in society.* Cambridge, MA: Harvard University Press.

Weaver, R. (1967). *A rhetoric and handbook.* New York: Halt, Rinehart, and Winston.

Wolfgang, C. H. (2004). *Solving discipline and classroom management problems: Methods and models for today's teachers* (6th ed.). Hoboken, NJ: John S. Wiley and Sons, Inc.

Wright, S. P., Horn, S. P., & Sanders, W. L. (1997). Teacher & classroom context effects on student achievement: Implications for teacher evaluation. *Journal of Personnel Evaluation in Education, 11*, 57–67.

Chapter 3

Baca, L. M., & Cervantes, H. (Eds.). (2003). *The bilingual special education interface* (4th ed.). New York: Prentice Hall.

Bender, W. N., & Shores, C. (2007). *Response to intervention: A practical guide for every teacher.* Thousand Oaks, CA: Corwin.

Berkeley, S., Bender, W. N., Peaster, L. G., & Saunders, L. (2009). Implementation of response to intervention: A snapshot of progress. *Journal of Learning Disabilities, 42*, 85–95.

Bradley, R., Danielson, L., & Doolittle, J. (2005). Response to intervention: 1997. *Journal of Learning Disabilities, 38*, 485–486.

Collier, C. (2009). *Separating difference from disability* (4th ed.). Ferndale, WA: CrossCultural Developmental Education Services.

Collier, C., Brice, A. E., & Oades-Sese, G. V. (2007). Assessment of acculturation. In G. B. Esquivel, E. C. Lopez, & S. Nahari, (Eds.), *Handbook of multicultural school psychology: An interdisciplinary perspective* (pp. 353–380). Mahwah NJ: Lawrence Erlbaum.

Collier, V. P., & Thomas, W. P. (2007). Predicting second-language academic success in English using the prism model. In C. Davison & J. Cummins (Eds.), *International handbook of English language teaching* (pp. 333–348). New York: Springer.

Freeman, D. E., & Freeman Y. S. (2007). *English language learners: The essential guide.* New York: Scholastic.

Fuchs, D., Mock, D., Morgan, P. L., & Young, C. L. (2003). Responsiveness-to-intervention: Definition, evidence, and implications for the learning disabilities construct. *Learning Disabilities Research & Practice, 18*, 157–171.

Hoover, J. J., Baca, L. M., & Klingner, J. J. (2007). *Methods for teaching culturally and linguistically diverse exceptional learners.* Upper Saddle River, NJ: Prentice Hall.

Johnson, E., Mellard, D. F., Fuchs, D., & McKnight, M. A. (2006). *Responsiveness to intervention (RTI): How to do it.* Lawrence, KS: National Research Center on Learning Disabilities.

Kavale, K. (2005). Identifying specific learning disability: Is responsiveness to intervention the answer? *Journal of Learning Disabilities, 38*, 553–562.

Padilla, E. R., Padilla, A. M., Morales, A., Olmedo, E. L., & Ramirez, R. (1979). Inhalant, marijuana, and alcohol abuse among barrio children and adolescents. *International Journal of the Addictions, 14*, 945–964.

Reschly, D. J. (2005). Learning disabilities identification: Primary intervention, secondary intervention, then what? *Journal of Learning Disabilities, 38,* 510–515.

Semrud-Clikeman, M. (2005). Neuropsychological aspects for evaluating learning disabilities. *Journal of Learning Disabilities, 38,* 563–568.

Siegel, J., & Shaughnessy, F. M. (1994). Educating for understanding: An interview with Howard Garder. *Phi Delta Kappan, 76,* 563–566.

Tomsho, R. (2007, August 16). Is an early-help program shortchanging kids? *The Wall Street Journal,* p. B1 [Electronic version]. Retrieved from http://online.wsj.com/article/SB118721849477198989.html

U.S. Department of Education. (2007, July). *Special education and rehabilitation services: IDEA's impact.* Retrieved November 4, 2009, from http://www.ed.gov/policy/speced/leg/idea/history30.html

Vaughn, S., Linan-Thompson, S., & Hickman, P. (2003). Response to treatment as a means of identifying students with reading/learning disabilities. *Exceptional Children, 69,* 391–409.

Chapter 5

Covey, S. R. (2004). *The 7 habits of highly effective people.* Roseburg, OR: Free Press.

DuFour, R., DuFour, R., Eaker, R., & Many, T. (2006). *Learning by doing: A handbook for Professional Learning Communities at work.* Bloomington, IN: Solution Tree.

Elmore, R. (2007). *Educational improvement in Victoria.* Victoria, Canada: Office of Government, School, Education, Department of Education. Retrieved July 5, 2009, from http://www.eduweb.vic.gov.au/edulibrary/public/staffdev/schlead/Richard_Elmore-wps-v1–20070817.pdf

Fuchs, D., & Deshler, D. D. (2007). What we need to know about responsiveness-to-intervention (and shouldn't be afraid to ask). *Learning Disabilities Research and Practice, 22*(2), 129–136.

Lachat, M. A. (2001). *Data-driven high school reform: Breaking ranks model.* Providence, RI: Northeast and Islands Regional Educational Laboratory.

Lashway, L. (2003). Distributed leadership. *Research Roundup, 19,* 4. Eugene, OR: ERIC Clearinghouse on Educational Management.

Mellard, D. F., & Johnson, E. S. (2008). *RTI: A practitioner's guide to implementing Response to Intervention.* Thousand Oaks, CA: Corwin.

National Association of Secondary School Principals. (1996). Breaking ranks: Changing an American institution. *NASSP Bulletin, 80*(578), 55–66.

Portin, B. S., DeArmond, M., Gundlach, L., & Schneider, P. (2003). *Making sense of leading schools: A national study of the principalship.* Seattle: University of Washington, Center on Reinventing Public Education.

Reid, W. A. (1987). Institutions and practices: Professional education reports and the language of reform. *Educational Researcher, 16*(8), 10–15.

Chapter 6

Armstrong, T. (2007). *The multiple intelligences of reading and writing: Making words come alive.* Alexandria, VA: Association for Supervision and Curriculum Development.

AutoSkill. (2004). *Focus on research: A paper on the scientific validation of effective reading programs and the development of the AutoSkill Academy of Reading.* Ottawa, Canada: Author.

Barkeley, S., Bender, W. N., Peaster, L., & Saunders, L. (in press). Implementation of responsiveness to intervention: A snapshot of progress. *Journal of Learning Disabilities.*

Bender, W. N. (2001). *Learning disabilities: Characteristics, identification and teaching strategies* (4th ed.). Boston: Allyn & Bacon.

Bender, W. N. (2008). *Differentiating instruction for students with learning disabilities* (2nd ed.). Thousand Oaks, CA: Corwin.

Bender, W. N., & Shores, C. (2007). *Response to intervention: A practical guide for every teacher.* Thousand Oaks, CA: Corwin.

Bhat, P., Griffin, C. C., & Sindelar, P. T. (2003). Phonological awareness instruction for middle school students with learning disabilities. *Learning Disability Quarterly, 26*(2), 73–88.

Bos, C. S., Mather, N., Silver-Pacuilla, H., & Narr, R. F. (2000). Learning to teach early literacy skills collaboratively. *Teaching Exceptional Children, 32*(5), 38–45.

Bradley, R., Danielson, L., & Doolittle, J. (2007). Responsiveness to intervention: 1997 to 2007. *Teaching Exceptional Children, 39*(5), 8–13.

Chard, D. J., & Dickson, S. V. (1999). Phonological awareness: Instructional and assessment guidelines. *Intervention in School and Clinic, 34*(5), 261–270.

Dayton-Sakari, M. (1997). Struggling readers don't work at reading: They just get their teachers to! *Intervention in School and Clinic, 32*(5), 295–301.

Fuchs, L. S., & Fuchs, D. (2007). A model for implementing responsiveness to intervention. *Teaching Exceptional Children, 39*(5), 14–23.

Goldstein, B. H., & Obrzut, J. E. (2001). Neuropsychological treatment of dyslexia in the classroom setting. *Journal of Learning Disabilities, 34,* 276–285.

Good, R. H., & Kaminski, R. (2002). *DIBELS: Dynamic Indicators of Basic Early Literacy Skills* (6th ed.). Longmont, CO: Sopris West.

Gregory, G. H., & Chapman, C. (2002). *Differentiated instructional strategies: One size doesn't fit all.* Thousand Oaks, CA: Corwin.

Haager, D. (2002, October 11). *The road to successful reading outcomes for English language learners in urban schools.* A paper presented at the annual meeting of the Council for Exceptional Children, Denver, CO.

Joseph, J., Noble, K., & Eden, G. (2001). The neurobiological basis of reading. *Journal of Learning Disabilities, 34*(6), 566–579.

Kame'enui, E. J., Carnine, D. W., Dixon, R. C., Simmons, D. C., & Coyne, M. D. (2002). *Effective teaching strategies that accommodate diverse learners* (2nd ed.). Upper Saddle River, NJ: Merrill-Prentice Hall.

Kemp, K. A., & Eaton, M. A. (2007). *RTI: The classroom connection for literacy: Reading intervention and measurement*. Port Chester, NY: Dude Publishing.

King, K., & Gurian, M. (2006). Teaching to the minds of boys. *Educational Leadership, 64*(1), 56–61.

Langdon, T. (2004). DIBELS: A teacher friendly basic literacy accountability tool for the primary classroom. *Teaching Exceptional Children, 37*(2), 54–58.

Larkin, M. J. (2001). Providing support for student independence through scaffolded instruction. *Teaching Exceptional Children, 31*(1), 30–35.

Leonard, C. M. (2001). Imaging brain structure in children: Differentiating language disability and reading disability. *Learning Disability Quarterly, 24*, 158–176.

McCutchen, D., Abbott, R. D., Green, L. B., Beretvas, N., Cox, S., Potter, N. S., et al. (2002). Beginning literacy: Links among teacher knowledge, teacher practice, and student learning. *Journal of Learning Disabilities, 35*(1), 69–86.

National Institute of Child Health and Development. (2000). *Teaching children to read: An evidence-based assessment of the scientific research literature on reading and its implications for reading instruction* (Report of the National Reading Panel). Retrieved May 23, 2002, from http://www.nichd.nih.gov/publications/nrp/findings.cfm

Patzer, C. E., & Pettegrew, B. S. (1996). Finding a "voice": Primary students with developmental disabilities express personal meanings through writing. *Teaching Exceptional Children, 29*(2), 22–27.

Posse, S., Dager, S. R., & Richards, T. L. (1997). In vivo measurement of regional brain metabolic response to hyperventilation using magnetic resonance proton echo planar spectroscopic imaging (PEPSI). *Research in Medicine, 37*, 858–865.

Prigge, D. J. (2002). Promote brain-based teaching and learning. *Intervention in School and Clinic, 37*, 237–241.

Raskind, W. H. (2001). Current understanding of the genetic basis of reading and spelling disability. *Learning Disability Quarterly, 24*, 141–157.

Richards, T. L. (2001). Functional magnetic resonance imaging and spectroscopic imaging of the brain: Application of the fMRI and fMRS to reading disabilities and education. *Learning Disability Quarterly, 24*(3), 189–204.

Richards, T. L., Corina, D., Serafini, S., Steury, K., Echeland, D. R., Dager, S. R., et al. (2000). The effects of a phonological-driven treatment for dyslexia on lactate levels as measured by proton MRSI. *American Journal of Neuroradiology, 21*, 916–922.

Richards, T. L., Dager, S. R., Corina, D., Serafini, S., Heide, A. C., Steury, K., et al. (1999). Dyslexic children have abnormal brain lactate response to reading-related language tasks. *American Journal of Neuroradiology, 20*, 1393–1398.

Rourke, B. P. (2005). Neuropsychology of learning disabilities: Past and future. *Learning Disability Quarterly, 28*(2), 111–114.

Shaker, P. (2001). Literacies for life. *Educational Leadership, 59*(2), 26–31.

Shaywitz, B. A., Shaywitz, S. E., Pugh, K. R., Sukdlarski, P., Fulbright, R. K., Constable, R. T., et al. (1996). The functional organization of brain for reading and reading disability (dyslexia). *The Neuroscientist, 2*, 245–255.

Smith, S. B., Baker, S., & Oudeans, M. K. (2001). Making a difference in the classroom with early literacy instruction. *Teaching Exceptional Children, 33*(6), 8–14.

Sousa, D. A. (2001). *How the special needs brain learns.* Thousand Oaks, CA: Corwin.

Sousa, D. A. (2005). *How the brain learns to read.* Thousand Oaks, CA: Corwin.

Sylwester, R. (2001). *A biological brain in a cultural classroom: Applying biological research to classroom management.* Thousand Oaks, CA: Corwin.

Tallal, P., Miller, S. L., Bedi, G., Bvma, G., Want, X., Nagarajan, S., et al. (1996). Fast-element enhanced speech improves language comprehension in language-learning impaired children. *Science, 271*, 81–84.

UniSci. (2000, May). Brain shown to change as dyslexics learn. *Daily University Science News*, p. 26.

Winn, J. A., & Otis-Wilborn, A. (1999). Monitoring literacy learning. *Teaching Exceptional Children, 32*(1), 40–45.

Wood, F. B., & Grigorenko, E. L. (2001). Emerging issues in the genetics of dyslexia: A methodological review. *Journal of Learning Disabilities, 34*, 503–511.

Wright, B. A., Bowen, R. W., & Zecker, S. G. (2000). Nonlinguistic perceptual deficits associated with reading and language disorders. *Current Opinion in Neurobiology, 10*, 482–486.

Chapter 7

Baker, S., Gersten, R., & Lee, D. (2002). A synthesis of empirical research on teaching mathematics to low-achieving students. *The Elementary School Journal, 103*, 51–73.

Baker, S., Gersten, R., & Scanlon, D. (2002). Procedural facilitators and cognitive strategies: Tools for unraveling the mysteries of comprehension and the writing process, and for providing meaningful access to the general curriculum. *Learning Disabilities Research and Practice, 17*, 65–77.

Butler, F. M., Miller, S. P., Crehan, K., Babbitt, B., & Pierce, T. (2003). Fraction instruction for students with mathematics disabilities: Comparing two teaching sequences. *Learning Disabilities Research and Practice, 18*, 99–111.

Ellis, E. S., Worthington, L., & Larkin, M. J. (1994). *Executive summary of research synthesis on effective teaching principles and the design of quality tools for educators.* (Tech. Rep. No. 6). Retrieved July 17, 2004, from University of Oregon,

National Center to Improve the Tools of Educators website: http://idea.uore gon.edu/~ncite/ documents/ techrep/other.html.

Fuchs, L. S., Fuchs, D., & Karns, K. (2001). Enhancing kindergarteners' mathematical development: Effects of peer-assisted learning strategies. *Elementary School Journal, 101,* 495–510.

Gersten, R., Beckmann, S., Clarke, B., Foegen, A., Marsh, L., Star, J. R., & Witzel, B. (2009). *Assisting students struggling with mathematics: Response to Intervention (RTI) for elementary and middle schools* (NCEE 2009-4060). Washington, DC: National Center for Education Evaluation and Regional Assistance, Institute of Education Sciences, U.S. Department of Education. Retrieved from http://ies.ed.gov/ncee/wwc/publications/practiceguides.

Hutchinson, N. L. (1993). Second invited response: Students with disabilities and mathematics education reform—let the dialog begin. *Remedial and Special Education, 14*(6), 20–23.

IRIS Center for Training Enhancements. (n.d.). *Algebra (part 1): Applying learning strategies to beginning algebra.* Retrieved on March 5, 2007, from http://iris .peabody.vanderbilt.edu.

IRIS Center for Training Enhancements. (n.d.). *Algebra (part 2): Applying learning strategies to intermediate algebra.* Retrieved on March 5, 2007, from http://iris .peabody.vanderbilt.edu.

IRIS Center for Training Enhancements. (n.d.). *Comprehension & vocabulary: Grades 3–5.* Retrieved on March 5, 2007, from http://iris.peabody.vanderbilt.edu.

IRIS Center for Training Enhancements. (n.d.). *Effective room arrangement.* Retrieved on March 5, 2007, from http://iris.peabody.vanderbilt.edu/gpm/chalcycle.htm.

Miller, S. P., & Mercer, C. D. (1993). Using data to learn about concrete-semiconcrete-abstract instruction for students with math disabilities. *Learning Disabilities Research & Practice, 8,* 89–96.

National Mathematics Advisory Panel (NMAP). (2008). *Foundations for success: The final report of the National Mathematics Advisory Panel.* U.S. Department of Education Washington, DC. Retrieved March 2008 from www.ed.gov/MathPanel.

Owen, R. L., & Fuchs, L. S. (2002). Mathematical problem-solving strategy instruction for third-grade students with learning disabilities. *Remedial and Special Education, 23,* 268–278.

Riccomini, P. J., Witzel, B. S., & Riccomini, A. E. (in press). Maximize development in early childhood math programs by optimizing the instructional sequence. In N. L. Gallenstein & J. Hodges (Eds.), *Mathematics for all.* Olney, MD: ACEI.

Tournaki, N. (2003). The differential effects of teaching addition through strategy instruction versus drill and practice to students with and without disabilities. *Journal of Learning Disabilities, 36,* 449–458.

Wilson, C. L., & Sindelar, P. T. (1991). Direct instruction in math word problems: Students with learning disabilities. *Exceptional Children, 57,* 512–518.

Witzel, B. S. (2005). Using CRA to teach algebra to students with math difficulties in inclusive settings. *Learning Disabilities: A Contemporary Journal, 3*(2), 49–60.

Witzel, B. S., Mercer, C. D., & Miller, M. D. (2003). Teaching algebra to students with learning difficulties: An investigation of an explicit instruction model. *Learning Disabilities Research and Practice, 18,* 121–131.

Witzel, B. S., & Riccomini, P. J. (2007). OPTIMIZE your curriculum for students with disabilities. *Preventing School Failure, 52*(1), 13–18.

Xin, Y. P., Jitendra, A. K., & Deatline-Buchman, A. (2005). Effects of mathematical word problem-solving instruction on middle school students with learning problems. *Journal of Special Education, 39,* 181–192.

Chapter 8

Anderson, A. R., Christenson, S. L, & Sinclair, M. F. (2004). Check & connect: The importance of relationships for promoting engagement with school. *Journal of School Psychology, 42*(2), 95–113.

Armendariz, F., & Umbreit, J. (1999). Using active responding to reduce disruptive behavior in a general education classroom. *Journal of Positive Behavior Interventions, 1,* 152–158.

Bacon, E., & Bloom, L. (2000). Listening to student voices. *Teaching Exceptional Children, 32,* 38–43.

Bambara, L. M., & Kern, L. (2005). *Individualized supports for students with problem behaviors: Designing positive behavior plans.* New York: Guilford Press.

Bambara, L. M., & Knoster, T. (1998). Designing Positive Behavior Support plans. In *Innovations* (No. 13). Washington, DC: American Association on Mental Retardation.

Barry, L. M., & Messer, J. J. (2003). A practical application of self-management for students diagnosed with attention-deficit/hyperactivity disorder. *Journal of Positive Behavior Interventions, 5,* 238–248.

Brooks, A., Todd, A. W., Tofflemoyer, S., & Horner, R. H. (2003). Use of functional assessment and a self-management system to increase academic engagement and work completion. *Journal of Positive Behavior Interventions, 5,* 144–152.

Callahan, K., & Rademacher, J. A. (1999). Using self-management strategies to increase the on-task behavior of a student with autism. *Journal of Positive Behavior Interventions, 1,* 117–122.

Cheney, D., Flower, A., & Templeton, T. (2008). Applying response to intervention metrics in the social domain for students at risk of developing emotional or behavioral disorders. *Journal of Special Education, 42,* 108–126.

Cheney, D., & Lynass, L. (2009). *Social Response to Intervention System.* Seattle: University of Washington.

Cheney, D., Lynass, L., Flower, A., Waugh, M., & Iwaszuk, W. (in press). The Check, Connect, and Expect program: A targeted, tier two intervention in the School-wide Positive Behavior Support model. *Preventing School Failure.*

Cook, C. R., Gresham, F. M., Kern, L., Barreras, R. B., & Crews, S. D. (2008). Social skills training for secondary students with emotional and/or behavioral disorders. *Journal of Emotional and Behavioral Disorders, 16*, 131–144.

Crone, D. A., Horner, R. H., & Hawken, L. S. (2004). *Responding to problem behavior in schools: The behavior education program.* New York: Guilford Press.

Evertson, C., & Emmer, E. (2009). *Classroom management for elementary teachers* (8th ed.). Upper Saddle River, NJ: Pearson.

Finn, J. D. (1989). Withdrawing from school. *Review of Educational Research, 59,* 117–142.

Dunlap, G., DePerczel, M., Clarke, S., Wilson, D., Wright, S., White, R., et al. (1994). Choice making to promote adaptive behavior for students with emotional and behavioral challenges. *Journal of applied behavior analysis, 27,* 505–518.

Fairbanks, S., Sugai, G., Guardino, D., & Lathrop, M. (2007) Response to Intervention: Examining classroom behavior support in second grade. *Exceptional Children, 73,* 288–310.

Filter, K. J., McKenna, M. K., Benedict, E. A., Horner, R. H., Todd, A. W., & Watson, J. (2007). Check in/check out: A post-hoc evaluation of an efficient, secondary-level targeted intervention for reducing problem behaviors in schools. *Education and Treatment of Children, 30*(1), 69–84.

Hawken, L. S. (2006). School psychologists as leaders in the implementation of a targeted intervention: The behavior education program. *School Psychology Quarterly, 21,* 91–111.

Hawken, L. S., & Horner, R. (2003). Implementing a targeted intervention within a school-wide system of behavior support. *Journal of Behavioral Education, 12,* 225–240.

Hawken, L. S., MacLeod, K. S., & Rawlings, L. (2007). Effects of the Behavior Education Program (BEP) on office discipline referrals of elementary school students. *Journal of Positive Behavior Interventions, 9,* 94–101.

Hawken, L. S., Peterson, H., Mootz, J., & Anderson, C. (2006). *The Behavior Education Program video: A check-in, check-out intervention for students at risk.* New York: Guilford Press.

Hawken, L., Vincent, C., & Schumann, J. (2008). Response to Intervention for social behavior. *Journal of Emotional and Behavioral Disorders, 16,* 213–225.

Horner, R. (2007). *Is School-wide Positive Behavior Support an evidence-based practice: A research summary.* Eugene: Technical Assistance Center on PBIS, University of Oregon.

Horner, R., Sugai, G., Todd, A., & Lewis-Palmer, T. (2000). Elements of behavior support plans: A technical brief. *Exceptionality, 8,* 205–215.

Individuals with Disabilities Education Act (IDEA) of 1997, 20 U.S.C. § 1400 *et seq.*

Individuals with Disabilities Education Improvement Act (IDEIA) of 2004, 20 U.S.C. § 1400 *et seq.*

Irvin, L. K., Horner, R. H., Ingram, K., Todd, A. W., Sugai, G., Sampson, N., et al. (2006). Using office discipline referral data for decision-making about student behavior in elementary and middle schools: An empirical investigation of validity. *Journal of Positive Behavior Interventions, 8,* 10–23.

Irvin, L. K., Tobin, T., Sprague, J., Sugai, G., & Vincent, C. (2004). Validity of office discipline referral measures as indices of school-wide behavioral status and effects of school-wide behavioral interventions. *Journal of Positive Behavioral Interventions 6*, 131–147.

Kea, C. D., Cartledge, G., & Bowman, L. J. (2002). Interventions for African American learners with behavioral problems. In B. A. Ford & F. Obiakor (Eds.), *Creating successful learning environments for African American learners with exceptionalities* (pp. 79–94). Austin, TX: Pro-ED.

Kilian, J. M., Fish, M. C., & Maniago, E. B. (2007). Making schools safe: A system-wide school intervention to increase student prosocial behaviors and enhance school climate. *Journal of Applied School Psychology, 23,* 1–30.

Lee, S., Simpson, R. L., & Shogren, K. A. (2007). Effects and implications of self-management for students with autism: A meta-analysis. *Focus on Autism and Other Developmental Disabilities, 22,* 2–13.

Lehr, C. A., Sinclair, M. F., & Christenson, S. L. (2004). Addressing student engagement and truancy prevention during the elementary years: A replication study of the Check & Connect model. *Journal of Education for Students Placed at Risk, 9*(3), 279–301.

McPartland, J. M. (1994). Dropout prevention in theory and practice. In R. J. Rossi (Ed.), *Schools and students at risk: Context and framework for positive change* (pp. 255–276). New York: Teachers College. (ERIC Document Reproduction Service No. ED366695)

O'Neill, R. E., Horner, R. H., Albin, R. W., Sprague, J. R., Storey, K., & Newton, J. S. (1997). *Functional assessment and program development for problem behavior: A practical handbook.* Pacific Grove, CA: Brooks/Cole.

Scott, T. M., & Nelson, C. M. (1999). Using functional behavioral assessment to develop effective intervention plans: Practical classroom applications. *Journal of Positive Behavior Interventions, 1,* 242–251.

Sinclair, M. F., Christenson, S. L., Evelo, D. L., & Hurley, C. M. (1998). Dropout prevention for high-risk youth with disabilities: Efficacy of a sustained school engagement procedure. *Exceptional Children, 65*(1), 7–21.

Sinclair, M. F., Christenson, S. L., & Thurlow, M .L. (2005). Promoting school completion of urban secondary youth with emotional or behavioral disabilities. *Exceptional Children, 71*(4), 465–482.

Smith, B. W., & Sugai, G. (2000). A self-management functional assessment-based behavior support plan for a middle school student with EBD. *Journal of Positive Behavior Interventions, 2,* 208–217.

Sprick, R., Garrison, M., & Howard, L. (1998). *CHAMPs: A proactive and positive approach to classroom management,* Longmont, CO: Sopris West.

Stahr, B., Cushing, D., Lane, K., & Fox, J. (2006). Efficacy of a function-based intervention in decreasing off-task behavior exhibited by a student with ADHD. *Journal of Positive Behavior Interventions, 8,* 201–211.

Sugai, G., Lewis-Palmer, T., & Hagan-Burke, S. (2000). Overview of the functional behavioral assessment process. *Exceptionality, 8,* 149–160.

Todd, A. W., Campbell, A. L., Meyer, G. G., & Horner, R. H. (2008). The effects of a targeted intervention to reduce problem behaviors. *Journal of Positive*

Behavior Interventions, 10, 46–55.

Todd, A. W., Horner, R. H., & Sugai, G. (1999). Self-monitoring and self-recruited praise: Effects on problem behavior, academic engagement, and work completion in a typical classroom. *Journal of Positive Behavior Interventions, 1*(2), 66–122.

Umbreit, J., Lane, K. L., & Dejud, C. (2004). Improving classroom behavior by modifying task difficulty: Effects of increasing the difficulty of too-easy tasks. *Journal of Positive Behavior Interventions, 6*(1), 13–20.

Vaughn, B. J., & Horner, R. H. (1997). Identifying instructional tasks that occasion problem behaviors and assessing the effects of student versus teacher choice among these tasks. *Journal of Applied Behavior Analysis, 30,* 299–312.

Walker, B., Cheney, D., Stage, S., & Blum, C. (2005). Schoolwide screening and Positive Behavior Support: Identifying and supporting students at risk of school failure. *Journal of Positive Behavior Interventions, 7,* 194–204.

Walker, H. M., Ramsey, E., & Gresham, F. M. (2004). *Antisocial behavior in school: Evidence-based practices.* Belmont, CA: Thomson/Wadsworth.

Walker, H. M., & Severson, H. H. (1992). *Systematic screening for behavior disorders* (2nd ed.). Austin, TX: Pro-Ed.

Walker, H. M., & Severson, H. H. (2007). Proactive, early screening to detect behaviorally at-risk students: Issues, approaches, emerging innovations, and professional practices. *Journal of School Psychology, 45,* 193–223.

Chapter 9

Consortium on Reading Excellence (CORE). (2006). Retrieved March 9, 2006, from http://www.coreread.com/Downloads.htm.

Foorman, B. R., & Moats, L. C. (2004). Conditions for sustaining research-based practices in early reading instruction. *Remedial and Special Education, 25*(1), 51–60.

Foorman, B. R., & Schatschneider, C. (2003). Measuring teaching practices in reading/language arts instruction and their relation to student achievement. In S. Vaughn & K. Briggs (Eds.), *Reading in the classroom: Systems for observing teaching and learning.* Baltimore: Brookes Publishing Co.

Fuchs, L. S., & Fuchs, D. (2006). Implementing responsiveness-to-intervention to identify learning disabilities. *Perspectives on Dyslexia, 32*(1), 39–43.

Geiger, S., Banks, A., Hasbrouck, J., & Ebbers, S. (2005, January). *Washington state K–12 reading model: Implementation guide,* Office of the Superintendent of Public Instruction, Publication No. 05–0001, Olympia, WA. Retrieved on March 9, 2006, from http://www.k12.wa.us/curriculumInstruct/ reading/default.aspx.

Gresham, F. M. (1989). Assessment of treatment integrity in school consultation and prereferral intervention. *School Psychology Review, 18*(1), 37–50.

Gresham, F. M., MacMillan, D. L., Beebe-Frankenberger, M. E., & Bocian, K. M. (2000). Treatment integrity in learning disabilities intervention research: Do we really know how treatments are implemented? *Learning Disabilities Research & Practice, 15*, 198–205.

Individuals with Disabilities Education Act (IDEA). (2004). Public Law 108-446.

Johnson, E. S., Mellard, D. F., Fuchs, D., & McKnight, M. (2006) Response to intervention: How to do it. National Research Center on Learning Disabilities, Lawrence, KS.

Kovaleski, J. F., Gickling, E. E., & Marrow, H. (1999). High versus low implementation of instructional support teams: A case for maintaining program fidelity. *Remedial and Special Education, 20*, 170–183.

Mellard, D. F., Byrd, S. E., Johnson, E., Tollefson, J. M., & Boesche, L. (2004). Foundations and research on identifying model responsiveness-to-intervention sites. *Learning Disability Quarterly, 27*, 243–256.

Mellard, D. F., & McKnight, M. A. (2006). RTI implementation tool for reading: Best practices [Brochure]. Lawrence, KS: National Resource Centeron Learning Disabilities.

Neill, M. (2004). Leaving no child behind: Overhauling NCLB. In Meier, D., & Wood, G. (Eds.), *Many Children Left Behind*, 101–120. Boston: Beacon Press.

Nettles, S. (2006). *Principal's reading walkthrough presentation and documents*. Florida Center for Reading Research. Retrieved March 9, 2006, from http://www.fcrr.org/staffpresentations/SNettles/PrincipalWalkthroughContent.pdf.

No Child Left Behind Act (NCLB). (2001). Public Law 107-110.

Rowan, B., Camburn, E., & Correnti, R. (2004). Using teacher logs to measure the enacted curriculum in large-scale surveys: A study of literacy teaching in 3rd grade classrooms. *Elementary School Journal, 105*, 75–102. Retrieved March 9, 2006, from http://www.sii.soe.umich.edu/documents/Enacted Curr04.pdf.

Telzrow, C. F., McNamara, K., & Hollinger, C. L. (2000). Fidelity of problem-solving implementation and relationship to student performance. *School Psychology Review, 29*, 443–61.

Vaughn, S., Hughes, M. T., Schumm, J. S., & Klingner, J. (1998). A collaborative effort to enhance reading and writing instruction in inclusion classrooms. *Learning Disability Quarterly, 21*(1), 57–74

Vaughn, S., Linan-Thompson, S., Kouzekanani, K., Bryant, D. P., Dickson, S., & Blozis, S. A. (2003). Reading instruction grouping for students with reading difficulties. *Remedial and Special Education, 24*(5), 301–315.

图书在版编目（CIP）数据

教学与行为干预（RTI）/（美）肖尔等著；王小庆译 . —上海：华东师范大学出版社，2015.11
ISBN 978 - 7 - 5675 - 4132 - 0

Ⅰ.①教 ... Ⅱ.①肖 ...②王 ... Ⅲ.①教学法 Ⅳ.① G424.1

中国版本图书馆 CIP 数据核字（2015）第 273124 号

大夏书系·西方教育前沿

教学与行为干预（RTI）

著 者	卡拉·肖尔 等
译 者	王小庆
策划编辑	李永梅
审读编辑	王 悦
封面设计	奇文云海·设计顾问

出版发行 华东师范大学出版社
社 址 上海市中山北路 3663 号 邮编 200062
网 址 www.ecnupress.com.cn
电 话 021 - 60821666 行政传真 021 - 62572105
客服电话 021 - 62865537
邮购电话 021 - 62869887 地址 上海市中山北路 3663 号华东师范大学校内先锋路口
网 店 http://hdsdcbs.tmall.com

印 刷 者 北京密兴印刷有限公司
开 本 700×1000 16 开
插 页 1
印 张 14
字 数 191 千字
版 次 2016 年 2 月第一版
印 次 2021 年 5 月第四次
印 数 14 101-16 100
书 号 ISBN 978 - 7 - 5675 -4132 - 0/G·8666
定 价 35.00 元

出 版 人 王 焰

（如发现本版图书有印订质量问题，请寄回本社市场部调换或电话 021-62865537 联系）